나의 인생이 당신의 지혜가 된다면

이 시대 최고의 정신적 스승이
우리에게 던지는 12가지 질문

*For You When I Am Gone*

# 나의 인생이
# 당신의 지혜가 된다면

**스티브 레더** 지음 | **김태연** 옮김

TORNADO
토 네 이 도

모든 삶은 유쾌하고 슬프다.

모든 삶은 어리석고 현명하다.

모든 삶은 흥미진진하고 지루하다.

모든 삶은 다른 삶의 교과서다.

# 프롤로그


언제 마지막으로 엄마의 젖꼭지를 물게 될지 아는 아기는 없다.
언제 마지막으로 엄마를 "엄마"라 부르게 될지 아는 아이는 없다.
잠자리에서 부모님이 읽어주는 마지막 동화책의 책장이
언제 덮일지 아는 소년은 없다.
형제와 함께하는 마지막 목욕물이
언제 욕조에서 빠질지 아는 소년은 없다……
"엄마"라는 말을 마지막으로 듣고 있다는 사실을 아는 엄마는 없다.
잠자리에서 아이에게 읽어주는 마지막 동화책의 책장이
언제 덮일지 아는 아버지는 없다.

**조너선 사프란 포어**Jonathan Safran Foer


아내가 청력을 잃어가고 있다고 생각하는 한 남자에 대한 재미있
는 이야기가 있다. 이 남자는 아내의 청력 문제로 너무 스트레스
를 받은 나머지 의사에게 상담을 받는다. 그 의사는 아내의 상태
를 진단해보라며 남자에게 방법을 알려준다.

"집에 가시면 이렇게 해 보세요. 우선 아내분을 등지고 9미터
정도 떨어진 곳에서 저녁식사 메뉴를 물어보세요. 만약 아내분께
서 남편분의 말씀을 듣지 못하시면 4.5미터 정도 가까이 다가가

셔서, 조금 더 큰 목소리로 "저녁 메뉴가 뭐야?"라고 다시 물어보세요. 그렇게 하면 아내분의 청력 상태를 아실 수 있을 겁니다."

그 남자는 집으로 돌아가 아내의 등 뒤로 9미터 정도 떨어진 거리에서 저녁 메뉴를 물었다. 아내는 대답이 없었다. 4.5미터 거리에서 다시 물었지만 아내는 여전히 대답이 없었다. 마지막으로 1.5미터 뒤에서 소리쳤다. "저녁 메뉴가 뭐냐고!?" 그때 아내가 돌아서서 소리 질렀다. "내가 썩을, 벌써 세 번이나 말했잖아. 닭고기라고!!"

우리는 가끔 자신이 그렇게 하고 있다는 사실을 인식조차 하지 못한 채 가까운 사람들의 말에 귀를 닫는다. 그러한 현실은 이 남자의 이야기와는 다르게 전혀 재미있지 않다. 가까운 사람의 말에 귀 기울이지 않는 일은 특히 부모와 자식 간에 더 자주 일어난다. 내 아들이 16살이었을 때 캘리포니아 말리부에서 열린 여름 캠프의 리더십 프로그램에 참여한 적이 있다. 캠프 참여 후 이틀이 지났을 때, 아들이 전화해서는 너무나 짜증스러운 목소리로 말했다. "아빠, 애들이 말을 안 들어요!"

"세상에 얼마나 다행이냐, 너랑 네 누나는 그런 적이 없잖아." 나는 대답했고 아들은 내 말의 속뜻(너도 그랬어)을 알아차렸다.

어린아이들은 때로 사랑하는 부모의 조언이나 경고를 듣지 않는다. 하지만 이것은 아이들에게만 국한된 이야기는 아니다. 스티브 굿맨Steve Goodman의 노래 〈My Old Man〉의 가사가 이를 말해준다. 내가 가장 좋아하는 싱어송라이터 중의 한 명인 스티브 굿맨은, 자신의 아버지 버드 굿맨의 죽음 이후 이 곡을 썼다. 스티브는 아버지가 살아계시는 동안 자신에게 해주셨던 모든 말들을, 아버지가 떠나고 난 지금에야 기억하겠노라고 절절하게 노래한다. 마음을 서늘하게 하는 가사다.

많은 사람들이 잘 모르고 있지만, 우리가 세상을 떠난 후 남겨질 사랑하는 이들에게 인생의 경험과 지혜를 전해줄 강력하고 고전적인 방법이 있다. 우리가 살면서 직접 부딪히고 겪으면서 깨달은, 삶에서 가장 중요한 것들을 사랑하는 이들에게 전하는 데 이 방법이 도움이 될 것이다. 바로 '유언 편지'를 남기는 것이다.

재산을 좀 모은 사람이라면, 대부분의 경우 특정 나이가 됐을 때 재산 상속에 대한 유언장을 작성할 것이다. 그리고 그 유언장에 서명까지 마치고 나면 자신이 남겨주어야 할 것은 모두 주었다고, 그래서 남은 이들을 위해 옳은 일을 했다고 느낄 것이다. 하지만 우리가 잊고 있는 것이 있다. 우리에게는 돈 말고도 물려줘야 하는 더 중요한 보물이 있다는 사실이다. 돌아가신 나의 아버지가 여전히 내 곁에서 전해주었으면 하는 귀중한 것들, 예를 들어 우리가 세상을 떠난 후에 남겨질 사랑하는 이들에게 전해줄 우리의 가치관, 희망, 조언, 깊은 사랑, 살면서 축적된 삶의 지혜가 바로 그것이다.

나는 35년을 랍비로 살아왔다. 그 시간 동안, 천 번이 넘는 장례를 주관했고 천 번이 넘는 추도문을 낭독했다. 또한 사랑하는 사람을 떠나보낸 천 명이 넘는 유가족들을 위로했던 경험이 있다. 오랜 시간 내 아버지를 비롯해 많은 사람들의 죽음을 가까이에서 지켜보며 배운 것이 있다. 우리는 옷이나 자동차 같은 물질적인 것을 위해 인생에서 너무 많은 시간을 쓰고 있지만, 정작 우리가 세상을 떠났을 때 사랑하는 사람들에게 그런 것들은 전혀 중요하지 않다는 사실이다. 물론 우리 사회는 전혀 다른 것을 가르치고 있다. 우리는 돈의 힘을 강조하는 문화 속에서 자랐기 때문에 우리 자신의 가치가 자산에 의해 결정된다고 믿는다. 잡지나 TV의 광고를 유심히 보면, 우리가 어떻게 물질적인 것에 중요한 의미를 부여하도록 세뇌당하고 있는지 알게 될 것이다. 대부분의 광고가 보여주는 것은 제품 자체가 아니다. 그 제품을 소유함으로써 얻게 되는 즐겁거나, 아름답거나, 혹은 의미 있는 삶이다. 나는 아버지가 돌아가신 후 부모님 댁에 들러서 지하에 아무렇게나 쌓여 있던 아버지의 잡다한 물건들을 보던 순간을 결코 잊지 못할 것이다. 아무도 그 물건들을 원하지 않았다. 심지어 중고물품 가게에서도 수거해가지 않았다. 아브라함 요수아 헤셸Abraham Joshua Heschel의 말이 맞았다. "더 많이 소유하는 것이 더 많이 존재하는 것을 의미하지는 않는다." 다시 말하면, 삶의 목적은 소유가 아니라 존재이다.

17년 전에 세상을 떠난 어머니가 지금 곁에 있다면 바라는 것이 무엇이냐는 질문에, 《어느 어머니의 날(One Mother's Day)》의 작가 도나 프레이타스Donna Freitas는 다음과 같이 묘사했다.

돌아오는 6월은 나의 어머니가 돌아가신 지 17주기가 되는 달이다. 나는 17년 내내, 엄마와 어떤 대화도 나누지 못했으며 어떤 질문도 하지 못했다. 17년 내내, 엄마에게 전화를 걸어 이런저런 이야기로 괴롭히는 일도, 이런저런 말들로 엄마가 나를 성가시게 하는 일도 없었다. 17년 내내, 엄마에게 나의 인생에 있어 중요한 선택에 대해 조언을 구할 수 있기를 바랐다. 내가 아이를 가져야 하는지, 어떻게 이혼을 피할 수 있는지와 같은 질문에 대한 조언 말이다. 17년 내내, 내가 무엇을 선택하더라도, 나에게 어떤 일이 닥치더라도, 내가 어떤 실수를 하더라도, 나를 사랑할 거라는 엄마의 말을 듣고 싶었다.

히브리어로 '말'과 '물건'은 같은 단어를 사용한다. 둘 다 'davar(다바르)'이다. 나에게는 이 부분이 매우 심오한 의미로 다가온다. 말에는 무게가 있다. 소유했다가 남겨두고 가는 물건만큼이나 실체가 있다.

우리는 사랑하는 이들을 위해 이야기를 남겨야 한다. 그럼 우리가 세상을 떠난 후에도 오랫동안 소중한 이들의 곁에서 함께할 수 있다. 죽음이 임박했을 때에야 우리가 남기고자 하는 말, 더 의미 있는 유산을 찾으려 하지 말고, 미리 제대로 생각해봐야 한다. 스스로에게 올바른 질문을 한다면 당신이 남기고 싶은 정말 중요한 말들을 찾을 수 있을 것이다. 이 책은 그러한 마지막 '말의 유산'을 위한 것이다.

내가 이 책을 통해 여러분에게 가장 중요하게 전하고자 하는 메시지는, 마지막 말을 전할 때를 "기다리지 말라"는 것이다. 당신이 사랑하는 사람과 대화할 수 있는 마지막 순간이 언제가 될지 아무도 모른다.

나는 친구들에게 이 책에 담은 질문에 대답해줄 것을 부탁하면서, 답을 찾는 과정은 그들 자신과 사랑하는 사람들, 그리고 이 책의 독자를 위한 일이 될 거라고 설득했다. 내 친구들의 배경은 다양하다. 아프리카계 미국인, 인도인, 백인, 히스패닉계 남성과 여성, 비유대교도, 유대교도, 이슬람교도, 그리고 힌두교 신자도 있다. 어떤 친구는 이성애자이고 어떤 친구는 성 소수자이다. 누구는 미혼이며 누구는 기혼이다. 시스젠더(생물학적 성과 성 정체성이 일치하는 사람-옮긴이)인 친구도, 성전환자인 친구도 있다. 어떤 친구에게는 아이가 있지만 그렇지 않은 친구도 있다. 어떤 친구에게는 홀로코스트에서 살아남은 부모님이 계시지만, 어렸을 때 부모님이 돌아가신 친구도 있다. 젊은 나이에 배우자를 떠나보내고 슬픔을 견디고 있거나, 중독이나 우울증과 싸우는 친구도 있다. 어떤 친구는 국가적으로 알려진 큰 사건으로 명예가 실추되어 괴로워하고, 어떤 친구는 감옥에 있고, 어떤 친구는 자녀가 징역형을 살고 있다. 적지 않은 친구가 암에 걸리는 경험을 했고, 누군가는 유명하며, 또 다른 이는 그렇지 않다.

이렇게 각기 다른 배경의 친구들이 내가 던진 질문의 답을 찾기 위해 자신의 마음과 영혼을 들여다보았다. 처음에 나는 이들이 나의 부탁을 들어준 것이니, 고마움을 표해야 하는 쪽은 당연히 나라고만 생각했다. 그도 그럴 것이, 이들은 바쁜 시간을 쪼개 인생에서 가장 어려운 질문과 씨름해야 했기 때문이다. 그런데 그들은 한 명의 예외도 없이 오히려 나에게 고마워했다. 마치 내가 그들에게 호의를 베풀어준 것처럼. 친구들이 이렇게 반응한 이유는 뭘까? 우리 모두는 자기만의 인생 이야기를 가지고 있으며, 그 이야기를 누군가에게 들려주고 싶어 하고, 적어도 가장 사랑하는 이들이 알아주었으면 하고 바라기 때문이라는 것이 그 이유라고 생각한다. 노벨 문학상 수상 작가인 아이작 바셰비스 싱어Isaac Bashevis Singer는 이렇게 말했다. "죽은 자들은 아무 데도 가지 않는다. 모두 여기에 있다. 한 사람, 한 사람은 하나의 묘지다. 우리의 할머니와 할아버지, 아버지와 어머니, 아내와 아이가 묻혀 있는 실제적인 공동묘지다. 모든 이들이 언제나 여기에 있다." 이는 말 그대로 사실이다. 우리 모두 선대에게 물려받은 DNA를 가지고 있으니까. 은유적으로도 이 말은 사실이다. 우리 모두가 선대의 삶의 이야기와 다양한 추억들을 마음에 품고 살기 때문이다. 우리는 가족뿐만 아니라 우리가 소중히 여기는 모든 사람, 다시 말하면 어떤 방식으로든 우리의 삶에 영향을 주는 모든 이들의 경험, 지혜, 실패, 아름다움을 마음에 품고 살아간다. 물론 이것은 우리가 그들의 이야기를 알고 있을 때에만 가능하다. 알고 있어야 그 이야기가 담고 있는 가치관, 이상, 옳고 그름의 가치를 배우고 품고 살아갈 수 있다. 알지도 듣지도 못한 이야기에서 어떤 것을 배울 수는 없다. 우리 모두는 사랑하는 이들에게 우리 자신의 이야기를 들려주고 싶어 한다. 하지만 대부분의 사람들이 시간을 내기 어렵거나 시작할 방법을 모른다. 바로 이러한 이유로 내 친구들이 나에게 고마워했다고 생각한다. 나의 부탁으로 인해 그들이 자신의 이야기를 들려줄 수 있는 기회를 가질 수 있었기 때문이다.

우리의 이야기를 들려주는 일은, 타인을 위한 일이기도 하지만 우리 자신을 위한 일이기도 하다. '인생은 우리 힘으로 통제할 수 없다'는 생각, 혹은 '궁극적으로 우리의 삶은 중요하지 않다'는 회의적인 생각을 떨쳐낼 수 있는 방법이기 때문이다. 우리 삶의 이야기는 중요하다. 특히 우리가 사랑하는 이들에게는 더욱 그렇다. 우리는 우리 이야기의 많은 부분을 결정할 수 있으며, 원하는 방향으로 흐름을 바꿀 수도 있다. 그러나 그러한 변화는 자신에게 던지는 올바른 질문을 통해 가능하다. 그 질문은 당신의 인생에서 정말 중요한 것이 무엇인지 상기시켜주고, 남은 삶에서 소중히 해야 하는 것이 무엇인지 보다 분명하게 드러내 줄 것이다. 언젠가 내가 끔찍한 실수를 했다는 두려움으로 공황 상태에 빠진 적이 있다. 그때 한 친구가 나에게 말했다. "난 과거가 더 나았으면 하는 모든 바람을 접었어." 과거는 바꿀 수 없지만 과거를 이해함으로써 미래를 바꿀 수는 있다. 이 책의 질문을 통해 우리는 우리의 가치와 꿈을 더욱 선명하게 그려낼 수 있으며, 또한 우리가 실제로 그 가치와 꿈을 위해 살고 있는지 아니면 단지 말뿐인 것인지 분명히 알 수 있을 것이다. 우리 자신의 이야기를 하는 것은 살면서 깨달은 삶의 의미와 기쁨을 나누는 방법이며 타인에 대한, 그리고 삶 그 자체에 대한 우리의 깊은 사랑을 나누는 방식이다. 이야기를 들려주는 우리가 중요한 존재라는 것을, 뿐만 아니라 그 이야기를 듣는 사랑하는 이들은 더욱 중요한 존재라는 것을 알리는 방법이다. 누군가와 이야기를 공유한다는 것은 당신이 나에게 중요한 존재라는 것을 표현하는 하나의 방식이기 때문이다.

우리 자신이 우리의 이야기를 하지 않으면 누가 할 수 있을까?

사람들은 유서나 유언이라는 방식으로 사랑하는 이들에게 자신의 이야기를 들려주는 것을 최대한 미루고 싶어 한다. 죽음을 거부하기 때문이다. 우리 대부분은 가능한 한 죽음에 대해 생각하지 않으려 한다. 당연하다. 우리는 젊다. 천하무적이고 의욕적이다. 언젠가는 이 모든 것이 헛된 일이 될 수 있다는 사실을 인정하거나 생각하는 것을 원치 않는다. 언젠가는 무(無)로 돌아간다는 것 또한 생각하고 싶어 하지 않는다. 아직 친구들이 곁에 있고, 부모님께서도 곁에 계시고 종종 조부모님도 살아계신다. 모두 건강하고 많은 것을 누리고 있으며, 웃고 사랑하고 있다. 누구인들 이런 상황에서 죽음을 생각하고 싶겠는가? 게다가 우리는 가능한 한 죽음과 거리를 두는 사회에서 살고 있다. 대부분의 사람들은 집이나 병원에서 죽음을 맞이한다. 어느 장소에서 죽든지 간에, 구급차에 실려 바로 옮겨진다. 그러고 나서 염을 할 때까지 가족들은 시신을 보지 못한다. 마치 죽은 사람이 단지 긴 잠에 드는 것처럼 우리는 작별 인사로 "편히 잠드세요" 같은 말을 전한다. "우리는 할아버지를 잃었어요", "돌아가셨어요"처럼, 죽음을 표현할 때도 완곡어법을 사용한다.

하지만 우리 모두는 알고 있다. 우리는 한낱 피와 살과 뼈로 이루어진 존재에 불과하며, 앞으로 수십 년 후에, 어쩌면 내일 당장 사라질지도 모르는 존재라는 것을 말이다. 이 책의 질문에 답을 찾는 것은 우리 삶의 덧없음을 직면하는 일이다. 우리가 태양을 똑바로 보려고 하지 않는다고 해서 태양의 밝은 빛이 매일 우리 주위에서 빛나지 않는 것은 아니다. 죽음의 그늘도 그렇다. 그러나 나의 친구들이 이렇듯 죽음이 근처에 있다는 사실을 직면한 후에 해방감을 느껴서 나에게 고마워했다고는 생각하지 않는다. 친구들의 대답은 그들 삶의 가치를 되짚어주고, 의미를 찾아주며, 영속성을 약속해준다. 이것은 그들 자신을 위한 것이며, 동시에 그들이 세상을 떠난 후에 남겨질 사랑하는 이들을 위한 것이다. 내가 한 친구에게 시간을 내어 답해준 것에 고마움을 표하자 그 친구는 말했다. "고마워할 사람은 나야." 그가 이렇게 말한 이유는 자신의 이야기를 기록하면서 안도감과 만족감을 느꼈기 때문이라고 생각한다. 나의 친구들은 타인을 위해 자신의 가장 깊은 신념과 꿈을 기록하는 방식으로 죽음을 숙고했다. 더불어 이 과정에서 그들은 어쩐지 스스로를 불멸의 존재로 느꼈다고 한다. 나는 이 책을 읽는 독자들 역시 같은 경험을 하게 될 거라고 생각한다.

◆ ◆ ◆

랍비 조나단 에이베슈츠Jonathan Eybeschütz는 1764년에 사망했다. 그의 해박한 지식은 유대인들뿐만 아니라 기독교인들 사이에서도 유명하다. 어느 안식일 아침, 에이베슈츠가 유대교 회당으로 가던 중 프라하의 시장으로 재임 중이던 왕자를 만났다. "랍비여, 이런 이른 시간에 어디를 가고 있는 것인가?" 왕자가 물었다.

"왕자 저하" 랍비는 대답했다. "제가 어디로 가고 있는지 저도 모릅니다."

왕자는 랍비가 거만하게 굴고 있다고 생각했고 왕실 모독죄로 체포를 명령했다. 쇠사슬로 결박당한 채 끌려가면서, 랍비는 왕자에게 말했다. "저하, 저하는 이제 아셨을 겁니다. 제가 어디로 가는지 몰랐다는 것을요. 저는 제가 유대교 회당으로 가고 있다고 생각했습니다. 그런데 보십시오. 지금 저는 교수대로 가고 있습니다."

이 말에 왕자는 미소 지으며 그를 풀어주었다.

"저하, 저는 유대교 회당으로 가는 중이라고 알고 있었습니다. 그 다음에는 처형장으로, 지금은 또 유대교 회당으로 가는 중입니다. 우리 중 누구도 진정 우리가 어디로 가고 있는지 알지 못합니다."

우리 모두에게는 생각하고 싶어 하지 않는 진실이 하나 있다. 누구에게도 영원한 삶이란 없으며, 우리 중 누구도 언제쯤 죽음이 놀랍도록 충격적으로, 혹은 친구처럼 평화로운 모습으로 찾아올 지 모른다는 것이다. 무언가를 갈망하느라 죽음을 거부할 시간이 있다면, 매 순간을 충만하게 살아가고 소중히 여기기 위해 죽음을 인정할 시간 또한 있을 것이다. 당신에게는 아직 살면서 깨달은 삶의 경험과 진리를 기록하고 나눌 시간이 있다. 우리가 세상을 떠났을 때, 사랑하는 이들이 당신의 귀중한 조언과 삶의 지혜를 방패 삼아 자신을 지켜나갈 수 있도록 해주어라.

그리고 그러한 전달 방식 중 하나로, 나는 '유언 편지'를 권한다. 이것은 고대 유대인의 전통으로, 사랑하는 이들에게 전할 말을 편지로 남기는 것이다. 이 전통은 매우 오래전으로 거슬러 올라간다. 나의 전작인 《남아 있는 것의 아름다움: 우리의 가장 큰 두려움을 가장 위대한 선물로 만드는 방법(The Beauty of What Remains: How Our Greatest Fear Becomes Our Greatest Gift)》에서 이에 대해 말한 적이 있다. 많은 사람들이 이 전통을 알고 놀라워했다. 인터뷰를 위해 출연한 토크쇼, 뉴스, 팟캐스트의 진행자들은 거의 빠짐없이 나에게 유언 편지에 대해 물었다. 그들은 내 책에서 이를 접하기 전에는 그러한 전통에 대해 들어본 적이 없었던 것이다. 나에게 그 책에 실려 있는 내 유언 편지의 일부를 읽어달라고 요청하기도 했다. 독자들을 위해 이 책의 끝에 그 편지를 다시 실었다. 당신의 유언 편지를 작성할 때 참고가 될 것이다.

어떤 사람들은 유언 편지의 전통을 성경에서도 찾을 수 있다고 주장한다. 작가 배리 베인스Barry Baines는 저서《유언 편지: 종이에 담는 당신의 가치(Ethical Wills: Putting Your Values on Paper)》에서 신약에 말로 하는 유언 편지의 사례가 있다고 말한다. 초창기 랍비들 역시 그들의 전통에 대한 가르침과 가치를 아버지가 아들에게 말로 전달하도록 충고했다. 나중에 이것이 편지로 쓰인 것이다.

유언 편지(Ethical Will)라는 용어는 이스라엘 아브라함Israel Abrahams 교수가 1926년 출간한 그의 저서《히브리어 유언 편지(Hebrew Ethical Wills)》에서 처음 사용한 것으로 보인다. 그는 1858년에 런던에서 태어난 선도적인 학자로, 중세 시대의 유대인에 관한 결정적인 책을 썼던 사람이다. 아브라함 교수는 여러 이유로 유언 편지를 수집하고 연구했다. 그중 가장 중요한 이유는 유언 편지가 중세 시대와 초기 현대 사회에 걸쳐서 유대인 부모가 자녀에 대해 어떤 태도를 취했는지 알 수 있는 중요한 자료이기 때문이다.

홀로코스트 시기에 쓰인 오싹하며 더 현대적인 유언 편지도 있다. 많은 사람들이 유언 편지에 가해자에 대한 응징을 부탁했다. 지포라 버만<sup>Zippora Birman</sup>이라는 여성은 비아위스토크<sup>Białystok</sup> 유대인 마을에서 유대인 지하 조직원으로 활동한 인물이다. 그는 자신의 유언 편지에 자비도 관용도 없는 복수를 부탁했다.

홀로코스트 시대의 희망적인 유언 편지도 있다. 1940년에 유대인 거주 지역신문 〈바르샤바-크라쿠프(Warsaw-Kraków)〉에 실린 한 엄마의 유언 편지로, '너의 엄마'라고만 서명되어 있다.

이 편지를 보게 되어도, 넌 여전히 마음이 무거울까, 나의 아가야? 여전히 너는 너의 운명을 받아들일 수 없다고 할까? 하지만 아가야, 받아들여야 해. 너의 의무이자 소명이란다. 이것은 이 세상에서 네가 따라야 할 사명이란다.

넌 다른 나라 사람들과 함께 어울려 일해야 해. 전 세계의 사람들이 주님의 이름으로 서로 유대하고 하나가 되는 길을 가도록 네가 알려주렴.

"그들을 어떻게 대해야 할까요?" 네가 이렇게 물을지도 모르지. 여기 방법이 있어. "살인하지 말라, 도둑질하지 말라, 탐내지 말라, 네 이웃을 네 자신과 같이 사랑하라……." 이런 가르침대로 행동하면 그 가치들을 통해, 아가야 넌 승리를 거두게 될 거야.

그로부터 80년 후, 한 친구는 홀로코스트 세대들이 남긴 말들이 턱없이 부족하다는 사실에 한탄했다. 그 친구는 앞으로 소개할 12개의 질문 중 한 개의 질문에 이렇게 대답했다.

젊은 나이에 돌아가신 엄마의 인생 이야기를 듣지 못한 것이 너무 안타깝다. 엄마는 10대 시절 벨라루스 고멜에서 이 나라로 왔다. 나는 엄마의 어떤 기억도 기록하지 못했다. 벨라루스에 있던 엄마의 가족에 대해 내가 아는 것은 아무것도 없다. 그들 대부분은 홀로코스트로 사망했다. 나의 할아버지는 어떤 분이었을까? 선대의 가족 묘지는 어디에 있을까? 엄마는 왜 미국에 올 때 중국 만주와 일본을 거쳐서 왔을까? 나는 지금 나의 뿌리를 알 수 없다. 이것이 의미하는 것은, 나의 손자가 기억하게 되는 가족의 역사는 1915년부터 시작된다는 것이다. 나는 수세기 전 조상들의 기록까지 가진 가족들이 너무나 부럽다. 미친 듯이 질투가 난다. 심지어 어떤 가족들은 1492년 스페인 유대인 추방 시기의 가족 기록까지도 가지고 있다. 우리는 오랜 역사를 가진 민족이다. 나는 닿을 수 없는 진실 위를 둥둥 떠다니는 목적 없는 몽상가 같다고 느낀다.

의심할 여지없이 고대와 현대의 유언 편지는 그것이 쓰인 시대와 가치관에 대해 우리에게 많은 것을 알려준다. 하지만 가장 중요한 점은, 유언 편지는 몇 천 년을 살아남아 어떠한 종교적 전통도 초월하는 영구적인 가치를 알려준다는 것이다. 아브라함이 언급했던 대로, "전근대와 현대의 유언 편지가 공통적으로 담고 있는 것이야말로 영구적으로 인류가 추구하는 가치일지도 모른다. 결국, 사랑과 관용이 궁극적 가치가 되기 때문이다." 유언 편지를 쓰는 사람은 자신이 세상을 떠나면 그 편지가 자손들에게 삶의 안내서가 될 거라는 희망을 품는다. 때로 유언 편지는, 작성한 사람을 이러한 희망 속에 살아가게 하는 것으로 그 쓸모를 다하는 경우도 있다. 내가 가장 좋아하는 유언 편지 중에 하나는 아브라함 셰마리아Abraham Shemariah의 아들, 조엘Joel의 편지다. 18세기 폴란드에 살던 유대인이었던 그는, 자신의 유언 편지를 다음의 문구로 마무리했다. "주안점은 평화, 전 세계의 평화니까."

내 생각은 이렇다. 당신이 너무나 사랑했고 당신에게 많은 사랑을 주었던 누군가가 세상을 떠났을 때, 당신이 간직하고 살아갈 그들의 이야기나 기억이 없다면 삶은 더 황량하고 덜 빛날 것이다. 우리가 사랑하는 사람들의 이야기가 중요한 또 한 가지 이유는, 그것이 동기가 되어 우리도 우리의 이야기를 전할 가능성이 커지기 때문이다. 나는 15년 동안 유언 편지 쓰기 워크샵을 전국적으로 진행해왔다. 각 워크샵은 참가자들이 각자의 유언 편지를 낭독하면서 마무리된다. 낭독 시간에는 항상 눈물이 넘쳐난다. 슬픔의 눈물이 아닌 그 안에 가득 표현된 사랑의 눈물이다.

유언 편지 혹은 유산 편지―때때로 이렇게 불리기도 한다―쓰기는, 요즘 상속 전문 변호사들이 자신의 고객에게 기본적인 절차로써 추천하는 일이기도 하다. 또한 환자에게 마음의 평화를 주기 위한 호스피스, 통증완화치료 계획의 일부 프로그램으로도 활용되고 있다. 그리고 이것은 정말 환자에게 평화를 준다.

작가 캐리 프리드먼Carrie Friedman은 〈허핑턴 포스트〉지에 '나의 아버지는 유언 편지를 작성했다. 그것이 의미하는 바는 무엇이며 왜 우리도 그것을 바라는지에 대한 해답이 여기에 있다'라는 제목의 글을 기고했다. 다음은 그 기고문의 일부이다.

아버지는 나를 포함한 당신의 세 자녀에게 전해줄 녹음 테이프를 만드셨다. 이는 갑작스럽고 슬픈 일이 당신에게 생겼을 경우를 대비하기 위한 것이었다. 아버지는 수십 년 동안, 우리가 새 직장에 들어갔을 때, 결혼했을 때, 아기를 가졌을 때, 반려견을 분양받거나 잃어버렸을 때처럼 중요한 일이 있을 때마다 테이프에 내용을 추가했다.

"편지는 항상 최신 상태로 수정하세요." 아버지가 우리와 아버지의 고객에게 말했다. "우리 모두는 자신이 얼마나 사랑받고 있는지 알아야 해요."

아버지는 항상 최악의 상황을 준비했지만 우리는 전혀 준비가 되어 있지 않았다. 그러다 아버지에게 파킨슨병과 치매가 찾아왔고 발병 2년 만에, 72세밖에 되지 않은 나의 아버지는 거의 말을 할 수도 걸을 수도 없게 되었다. 수많은 이전 세대를 발판으로 그 위에 우리가 존재한다고 믿는 나의 아버지, 그 태산 같았던 남자는 이제 손자들의 이름은커녕, 자식들의 이름조차 기억하지 못했다.

아버지가 우리 가족에게 남겨주었고, 또 아버지가 기록하는 것을 직접 목격하기도 했기 때문에, 우리 부부 역시 컴퓨터에 유언 편지를 자주 업데이트한다. 주로 내가 세상을 떠난 후에 딸들이 알았으면 하는 것들을 쓴다. 다음과 같은 현실적인 조언이 그중 하나이다. '다른 사람의 불안이 너의 행동과 신념에 영향을 줄 수 없게 중심을 잘 잡고 있어야 해', '강아지에게 다가갈 때는 항상 손바닥이 위로 향하게 해야 돼, 그래야 강아지들이 너희가 우호적이라는 것을 알 수 있을 테니. 사람에게도 이런 식으로 다가가야 한다는 걸 명심해.' 나는 몇 가지 의견도 제시한다. '언젠가 너희가 타투를 하고 싶을지도 모르겠어. 괜찮아. 단 얼굴은 안 된다. 얼굴은 절대 안 돼.' '대학 등록금을 대하먹고 싶다고 다 쓰지 말고.' 이건 농담으로 한 소리다. 나의 딸들이 몇 살에 이 편지를 읽게 될지는 생각하지 않기로 했다. 다른 무엇보다도, 나의 조건 없는 사랑을 딸들에게 표현했다고 확신한다. 나는 진심으로 그것만은 확실하게 표현했다. 나의 아버지가 그러셨던 것처럼.

35년 동안, 나는 사랑하는 사람을 막 떠나보낸 여러 가족들과 상담을 해왔다. 그들의 이야기를 듣는 것은 추도문을 준비하기 위한 중요한 과정이다. 이 과정에서 가족들은, 사람은 죽지만 사랑과 정신적 유산은 절대 사라지지 않는다는 것을 깨닫게 된다. 나는 모르는 사람의 본질을 파악해 그것을 몇 페이지의 추도문 안에 담아야만 한다. 종종 사람들은 나에게 어떻게 그 무수한 가족들의 이야기를, 그렇게 긴 세월 동안 들어줄 수 있었는지에 대해 묻기도 한다. 나의 대답은 항상 같다. 당신이 올바른 질문을 한다면, 올바른 답을 들을 수 있다. 모든 삶은 유쾌하고 슬프며, 어리석고 현명하다. 모든 삶은 흥미진진하며 지루하다. 모든 삶은 우리 삶의 교과서이며, 타인의 이야기를 듣는 일은 나의 삶을 풍성하게 하고, 나의 삶에 정보를 제공하며, 나의 삶을 고귀하게 만든다.

이 책에 어떤 질문을 담아야 할지 고민하고 질문 목록을 완성하는 데까지 15분이 걸렸다. 사실은 15분 하고 35년이다. 적어도 내가 랍비로 일해온 시간 동안 어떤 질문이 정말로 중요한지 고민했으며, 스스로 그 질문의 답을 찾으려고 노력했다. 또한 그 시간 동안 나는 슬픔에 빠진 가족들이 그들 삶의 이야기뿐만 아니라 더 중요한 진실을 알기 위해 세상을 떠난 이를 대신해 이 질문에 답할 때 그들 곁에 있었다. 이 책의 질문들은 의도를 가지고 계획된 것이며, 질문을 하는 순서 또한 그렇다. 이 질문들은 수없이 많은 가족들이, 자신들의 사랑하는 이가 지녔던 가장 심오하고 정직하며 종종 아름다운 삶의 가치를 보존할 수 있게 해주는 수단이다.

여러분에게 이 책의 질문에 답해보기를 권한다. 그 대답은 각자가 유언 편지를 작성할 때 활용할 좋은 재료가 될 것이다. 여러분이 사랑하는 이들을 위해 유언 편지를 작성해둔다면, 언젠가 세상을 떠났을 때 남겨진 가족들에게 큰 위로와 지혜가 될 것이다.

총 12개의 질문을 각 장에 한 개씩 소개했다. 그리고 각 질문과 함께 그 질문이 가치 있다고 믿는 이유도 설명했다. 또한 내 친구들의 대답도 함께 실었다. 그들 모두가 이를 동의해주었다. 나는 친구들의 대답을 읽으며 많은 감동을 받았다. 독자들 역시 그러길 바란다. 그래서 나의 친구들처럼, 주어진 질문에 대한 각자의 해답을 찾고 기록하길 바란다. 물론 사람에 따라 대답의 세부 내용들은 다르겠지만, 대부분은 사랑, 친절, 가족 간의 유대, 용서 등이 보편적 가치로 수렴된다. 각 장은 독자에게 하는 질문으로 마무리했다. 꼭 빈칸을 채워보기를 바란다.

나는 나의 아이들에게 두 번의 유언 편지를 썼다. 한 번은 40세에, 또 한 번은 나의 아버지가 돌아가신 후인 59세에 썼다. 나의 아버지는 10년 동안 알츠하이머를 앓았다. 그 10년 동안, 나는 몇 달마다 아버지를 뵙기 위해 로스앤젤레스에서 미네아폴리스까지 긴 거리를 여행했다. 나는 아버지가 천천히 쇠락해가는 모습을 보았지만 아버지와의 마지막 대화가 언제일지는 미처 알지 못했다. 말씀도 잘 하시고 이해하시는 데도 문제가 없었던 아버지가 어느날 다시 방문했을 때는 기억을 모두 잃고 돌아가실 때까지 거의 어떤 대화도 할 수 없는 상태가 돼버리셨다. 상상할 수 없던 일이다. 지금은 아버지가 돌아가신 지 4년이 되었고 어머니 역시 치매를 앓고 계시다. 아버지의 죽음과 어머니의 기억상실은 내 가치관이 변하는 계기가 되었다. 내가 하는 조언, 삶에 대한 인식, 꿈이 변했으며, 나 자신의 대단히 현실적이고 심각한 결점에 대한 생각도 바뀌었다. 나처럼, 나의 유언 편지 역시 내 삶이 흘러가는 방향으로 바뀌어갈 것이다. 우리 모두 마찬가지다. 우리는 이야기의 결합체이다. 상처에 대한 이야기, 어렵게 얻은 지혜에 대한 이야기, 웃긴 이야기, 기쁨, 고통, 치유, 실패, 사랑에 관한 이야기로 구성되어 있다. 우리 이야기 안에는 우리가 사랑하는 이들이 배우고 품고 살아가야 할 많은 것들이 있다. 우리의 이야기는 말로 이루어져 있다. 말은 우리가 세상을 떠났을 때 남길 수 있는 가장 실제적이며 중요한 유산이다. 캐리 프리드만의 아버지가 말했던 대로, 모든 사람은 자신이 얼마나 사랑받고 있는지 알아야 하기 때문이다.

그럼 시작해보자.

# 차례

## 1장  가장 후회하는 것은 무엇인가    33

인생에서 가장 후회하는 것에 대해 이야기하라. 당신이 세상을 떠났을 때 사랑하는 이들이 당신의 경험에서 교훈을 얻을 수 있도록 진실되게 말하라. 설령 그것이 부끄러운 과오라 할지라도 모두 다 터놓고 이야기하라.

## 2장  마음 가는 대로 행동했던    61
## 순간은 언제인가

머리가 아닌 마음이 가는 선택으로 원하는 바를 이뤘던 경험이 있다면, 가족에게 그 이야기를 들려주어라. 그들 또한 직관에 따른 선택을 해야 할 때 영감을 줄 수 있도록.

# 1장

# 가장 후회하는 것은 무엇인가

후회를 최대한 즐겨라. 슬픔을 억누르지 말라.
후회를 보살피고 소중히 여기면
그만의 존재 목적을 가질 때가 올 것이다.
깊이 후회하는 것은 새롭게 태어나는 것이다.

**헨리 데이비드 소로** Henry David Thoreau

마크에게 죽음이 다가왔을 때 나는 그의 침대 곁에 의자를 끌어가 앉았다. 우리는 이런저런 이야기를 나눴다. 그의 통증 완화 치료가 어땠는지, 혹은 재혼으로 가족이 된 그의 아내와 아이들이 지금의 힘든 상황 속에서 잘 견디고 있는지도 이야깃거리였다. 시간이 지나면서 대화는 더욱 깊어졌다. 마크는 자신이 자랑으로 여기는 것에 대해 들려주었는데, 이 대화는 곧 그가 삶에 있어 후회하는 것들에 관한 이야기로 자연스럽게 이어졌다. 대부분의 사람들과 마찬가지로, 마크도 과거에 이미 저질러

버린 일에 대해서는 크게 후회하지 않았다. 사람들은 일반적으로 나이가 들면서 자신이 저지른 실수에 대해 관대해지기 마련이다. 어떤 사람들은 심지어 살면서 자신에게 일어난 일 혹은 자신이 했던 행동을 실수로 생각하지도 않는다. 왜냐하면 그 당시에 그들은 자신의 식견으로 할 수 있는 최선의 결정을 했기 때문이다. 나의 친구 캐롤라인은 후회에 대해 다음과 같은 태도를 보여준다. 여기 캐롤라인의 말을 그대로 옮겼다.

> 사실을 말하자면, 과거에 내가 했던 모든 선택은 최선이었다. 어떤 선택은 결과가 좋지 않았다. 하지만 그 결과라는 것은 어차피 모든 상황이 벌어진 후에나 알 수 있는 것이다. 만약 과거의 나의 모습 그대로 그 순간으로 돌아간다 해도 내 선택은 달라지지 않을 것이다. 결과는 만족스럽지 않았지만 선택을 하던 그 순간에는 옳은 결정이었다. 당신이 어떤 결정을 했다면, 그 결과가 마음에 들지 않더라도 후회로 에너지를 낭비하지 말고 그 경험에서 무언가 배우라고 조언하고 싶다.

나에게는 의도치 않게 대도시의 시장이 된 친구가 한 명 있다. 그 친구는 심지어 이렇게까지 말했다.

나는 항상 내가 저지른 실수를 묵묵히 받아들이고 그 경험을 소중히 하려고 노력해. 이것은 윈윈 전략이야. 내가 실수를 많이 한다면 배움의 기회라는 선물을 더 많이 받을 수 있어. 실수가 줄어들면 그것 또한 좋은 일이지. 내가 더 현명해지고 어떤 일에 더 능숙해지고 있다는 의미니까. 많은 사람들은 무슨 일에서든 첫 주자가 되는 것을 두려워해. 자신이 아닌 다른 누군가가 먼저 나서주기를 바라지. 그들이 실수를 통해 잘못된 것을 알아내고 개선해서 완성해주기를 기다리는 거야. 완성되면 그때서야 그 길에 나서는 거지. 이게 얼마나 지루한 일이야!

삶에 대한 후회가 전혀 없는 사람들도 있다. 이들은 삶의 모든 결정과 경험이 궁극적으로 신의 손에 달려 있다고 믿는다. 내 친구 아만다는 나에게 이런 말을 한 적이 있다. "난 지난 일에 대해 '그때 그렇게 하지 말았어야 했는데' 같은 후회를 해본 적이 없어요." 아만다의 남편은 코로나 바이러스에 감염되어 젊은 나이에 세상을 떠났다. 그녀와 6개월된 그들의 아이만이 세상에 남겨진 것이다. 하지만 그 힘든 상황에서도 그녀는 말했다. "신께서는 나의 삶을 이끌어주시고 내가 항상 있어야 할 곳, 내가 언제나 향해야 할 곳으로 인도해주신다는 믿음이 있어요."

그러나 앞서 소개한 캐롤라인, 아만다, 시장과 같은 태도를 가진 사람들은 소수에 불과하다. 사실 대부분의 사람들이 많은 후회 속에서 살아간다. 과거에 했던 행동이나 실수 때문이 아니라, 마크처럼 하지 못했던 일 때문에 후회한다. 죽음을 목전에 둔 많은 사람들과 이야기를 나누면서 나는 그들 다수가 이런 후회 속에 있다는 것을 알게 되었다. 현자들은 말했다. 우리가 죽었을 때 삶에서 "능히 누릴 수 있었으나 누리지 않았던, 허용되는 모든 쾌락에 대해 책임을 지게 될 것"이라고.

내가 가장 좋아하는 친구, 마크의 장점 중 하나는 웃음이 많다는 것이다. 나는 웃을 때 만면이 환하게 밝아지는 그의 모습을 좋아했다. 나는 그 모습을 보기 위해 수년 전, 우리 남자들 모임에서 그가 했던 이야기를 꺼냈다. 그날 대화의 주제는 "우리를 주저하게 하는 것이 무엇인가?"에 관한 것이었다. 마크는 30대 때 한 파티에서 있었던 일을 이야기해주었다. 파티에 갔을 당시 마크는 자신의 첫 번째 아내와 막 데이트를 시작한 시점이었다. 그 시절 마크는 주중에는 갑갑한 정장에 갇힌 변호사로 일하다가 주말만 되면 그것을 벗어던지고 검정색 크롬 바이크를 타면서 스트레스를 해소하곤 했다. 마크는 파티에 도착해서 자신의 바이크 헬멧과 검정 가죽 재킷을 소파 위에 벗어놓았다. 이 파티 이야기를 할 때,

어떤 이유 때문인지 모르겠지만, 마크는 자신이 왜 그 파티에 혼자 갔었는지 기억하지 못했다. 그가 확실히 기억하는 것은 그 파티에서 한 여성과 있었던 일이다. 파티장의 소음이 커지고 분위기가 약간 광란의 상태로 넘어갈 때쯤, 한 아름다운 여성이 소파에 있던 그의 헬멧과 가죽 재킷을 집어 들고는 소리 질렀다. "이거 누구 거야? 나 바이크 타보고 싶어!" 그러나 마크는… 아무 말도 하지 않았다. "내가 50년 동안 궁금했던 건 이거야." 마크는 우리들에게 말했다. "내가 그때, '그거 내 거야. 나가자!'라고 말했으면 내 삶은 어떻게 됐을까?"

심리학자인 윌리엄 마스턴<sup>William Marston</sup>은 3천 명에게 다음과 같은 간단한 질문을 했다. "무엇을 위해 살아야 하나?" 그 결과, 응답자의 94퍼센트가 미래를 위해 현재를 견디고 있었다. 그들은 앞으로 일어날 일을 기다리고, 이상형이 나타나기를 기다리고, 아이들이 자라기를 기다리고, 대출금 상환을 마치는 날을 기다린다. 휴가를 기다리고, 은퇴를 기다리고, 지역 사회에 참여할 때를 기다리고, 새로운 기술, 취미를 배울 때를 기다린다. 기다리고, 기다리고, 계속 기다린다. 매일 새로운 날과 기회가 우리를 지나쳐가지만, 우리 중 94퍼센트의 사람들은 다른 날을 기다린다.

수년 전, 한 유대교 고등부원 신도가 남미의 작은 마을에서 한

학기를 보내고 로스앤젤레스로 돌아왔다. "그곳과 이곳의 가장 큰 차이점은 무엇이었나요?" 내가 물었다. "거기 사람들이 더 행복해보여요." 그녀는 주저 없이 말했다. "그들은 우리보다 가진 것이 훨씬 적지만 훨씬 더 행복해요. 노래하고 춤추는 것을 좋아하고 더 많은 기념일을 축하해요. 가족들은 함께 식사하고 아플 때는 서로 챙겨줘요. 이웃에 어려운 일이 생기면 서로 도와줘요." 우리가 마지막으로 춤추고 노래했던 때가 언제인가? 가족이라면 마땅히 해야 할 일들, 함께 모여 식사하고, 기념일을 챙기고, 서로 장난치고, 끌어안고 체온을 나누는 일을 우리는 얼마나 자주 하고 있을까? 어려운 이웃을 도와주는 것은 차치하더라도 우리 중 얼마나 많은 사람들이 이웃에 대해 알고 있을까? 그렇다면 우리 자신에 대해서는 알고 있을까? 우리 중 얼마나 많은 사람들이 현재를 사는 대신에 미래를 기다리고만 있을까? 더 많은 책을 읽을 때를, TV를 덜 볼 때를, 운동을 시작할 때를, 더 현실에 충실할 때를, 아이들과 배우자와 더 많은 시간을 보낼 때를, 더 좋은 형제, 자매, 아들, 딸, 동료 혹은 친구가 될 때를 기다리고 있을까? 우리 중에 얼마나 많은 이들이 정원 손질할 때를, 그림 그릴 때를, 하이킹할 때를, 휴식을 취할 때를, 혹은 아픈 사람, 지구, 절대 빈곤 상태인 사람들, 상실감에 빠진 사람들을 돕기 위해 지역 사회 혹은 자선

활동에 참여할 때를 기다리고만 있을까? 94퍼센트의 사람들은 이러한 우리 주변의 기회들을 잡기 위해 때를 기다리고 있다가, 천천히 혹은 갑작스럽게 세상을 떠난다.

사람들에게 삶에 대해 질문하게 되면서 내가 알게 된 놀라운 사실은, 대부분의 사람들이 할 수 있었지만 하지 않은 일에 대해 후회하는 경우가 그렇게나 많더라는 것이며, 또 하나는 이 책에 공유한 친구들의 대답이 보여주는 것처럼, 사람들의 후회에는 다양한 공통점이 존재한다는 사실이다. 우리 대부분이 놓친 기회의 종류는 같고 결국에 우리는 같은 것들을 후회한다. 타인의 기대를 충족시키는 데 자신을 소비하느라 갖지 못했던 기회, 다시 말하면, 실현시키지 못한 꿈에 대해 후회한다. 너무 오랜 시간 동안 도움을 요청하지 않고 혼자 고통받는 쪽을 선택했던 것에 대해 후회한다. 또한 가장 소중히 여겼던 사람들과 중요한 순간에 함께하지 못해서 영원히 놓쳐버린 시간들을 후회한다. 이 장에서, '무엇을 후회하는가'라는 질문에 대한 친구들의 대답을 공통된 주제에 따라 정리했다. 이제부터 읽게 될 다양한 후회의 기록은, 여러분이 자신의 후회에 대해 생각해보고 가족과 공유하도록 도와줄 것이고, 그로 인해 당신이 사랑하는 사람들은 훨씬 더 적은 후회 속에서 살 수 있도록 도와줄 것이다.

나는 나의 꿈을 위해 나아가기 전에 타인의 동의를 얻으려고 주저했던 날들을 후회한다. 당신이 자신의 두려움을 온전히 마주한다면 그런 후회는 없을 것이다. 많은 실패를 경험해보기 바란다. 그러한 경험들은 실망이라는 감정을 보듬어주고, 당신이 주저하며 멈춰 있는 대신에 계속해서 배우고 성장하도록 이끌어줄 것이다.

나의 가장 큰 후회는 젊었을 때 주위를 돌보지 못했던 것이다. 나 자신에게만 열중한 나머지 내가 사랑하는 이들에게 실망과 슬픔을 준 것 같다. 그랬던 나의 모습이 부끄럽다. 이러한 실수를 피할 수 있는 유일한 방법은, 좋아 보이는 것에 신경 쓰지 말고 그냥 좋은 것을 하는 것임을 이제는 알고 있다. 나는 기도한다. 나의 딸, 조카, 손자가 나의 이러한 경험을 참고로 해서, 열정과 사랑으로 주변을 보살피고 동시에 그들의 목적을 이루기를.

풍부하고 다양한 직업적 선택지를 갖지 못했던 것에 대해 불평

할 권리가 나에게 있을까? 나는 하나의 직업을 선택했고 어느 정도 성공을 이뤘다고 생각한다. 하지만 여전히 나의 80 평생을 되돌아보면 문득 궁금해진다. 내가 지금 하고 있는 일을 선택했을 때, 동시에 내가 열지 않았던 두 번째 문이나 세 번째 문도 열어보고 경험할 방법을 찾았더라면 나의 세상이 어땠을지 말이다. 과거에 나는 종교 내 관계와 종교 간 관계를 다루는 국제기구를 이끌어보지 않겠느냐는 제안을 받았었다. 또한 내가 좋아하는 연구 분야에서 박사 학위를 취득해서 학계에 들어갈 수 있는 기회도 있었다.

나는 이 두 개의 기회의 문을 여는 대신에 첫 번째 문을 선택했다. 그리고 그 당시는 한 번 선택한 직업이 평생 직업이 되어야 한다는, 널리 통용되는 믿음이 내 안에서도 작동하던 때였다. 오늘날과 같이 수명이 길어진 시대에, 두 개 혹은 세 개의 직업을 가지고 있었다면, 나는 더 열린 마음으로 변화를 수용하며 삶을 보다 풍요롭게 만들 수 있었을 것이다. 나에게 주어진 변화와 혁신에 수용적인 태도로 대응해왔다면 나는 지금 어떤 사람이 되었을까? 세상을 치유할 수 있고, 나의 사람들을 보호하고 지켜낼 수 있으며, 무자비한 인종 차별의 물결에 맞서 대응할 수 있는 더 새롭고 나은 방법을 찾을 수 있지 않았을까? 나는 절대 정답을 알 수 없을 것이다.

하지만 내가 정확히 알고 있는 것이 하나 있다. 성취로 가는 다양한 길을 나보다 더 열린 마음으로 볼 수 있도록, 손주들을 독려해야 한다는 것이다.

✍

거의 매일 하는 후회가 있다. 가까이 있는 타인이 나의 가치를 결정하게 하는 것이다. 보통 나에 대한 타인의 비평은, 나를 위한 조언이라기보다는 그들 자신의 열등감의 표현인 경우가 대부분이었다. 우리 모두는 질투에 사로잡혀 있다. 따라서 순진하게 타인의 평가에 영향을 받을 필요가 없다고 믿는다. 질투는 '악마의 눈'이라고 한다. 쉬운 일은 아니지만, 우리가 할 일은 더 넓은 풍경을 보기 위해 타인의 시선에서 벗어나는 것이다.

✍

나의 가장 큰 후회는 내가 무언가를 결정할 때마다 두려움과 불안에 떨었다는 것이다. 나는 자신감과 신념을 가지고 중요한 결정을 할 만큼 충분히 나 자신을 믿지 못했었다. 나는 성장 배경 때문에 자의식이 충분히 발달하지 못했으며, 내가 누구인지 어디서 왔는지에 대한 답을 찾지 못해 매우 불안해했다. 또한 가끔은 내 안에 재능과 타고난 자질이 있다고 믿게 해주는 자신감조차 없었다. 다른 사람들은 명문대학을 나왔고 유명한 부모가 있고 많은 돈도 가졌지만, 나는 그중 아무것도 갖지 못했으니까. 나는 일하면서 경쟁해야 했던 사람들보다 늘 더 부족하고 가치가 떨어지는 사람이라고 느꼈다. 커리어에 있어 중요한 갈림길에 설 때도 항상 부담이 가장 적은, 가볍게 갈 수 있는 길을 택했다. 그것은 잘못된 결정이었고 그것으로 인해 나는 엄청나게 큰 대가를 치러야 했다. 잘못 들어선 길에서 나와 올바른 목적지로 돌아오기까지는 수년이 걸렸다. 하지만 나는 그 경험으로 소중한 교훈을 얻었다. 결국 나를 최고의 자리에 올려놓는 것은 나 자신의 경험이며, 작가이자 이야기꾼으로서 내가 가진 재능이었다는 사실을 말이다. 나를 끊임없이 남과 비교하면서, 내 재능을 폄훼하고 약점만을 크게 생각하며, 그러한 잘못된 인식에 근거하여 중요한 결정을 내렸던 것을 후회한다. 지금은 내가 가진 재능에 감사하며 소중히 여기고 있다. 또한 이러한 경험을 바탕으로 나의 딸에게 자신의 존재와 재능에 자신감을 가지라고 말해주고, 두려움이나 불안한 감정이 아닌, 그녀의 가장 큰 갈망과 가장 위대한 잠재력에 근거하여 결정을 내리라고 조언해줄 수 있게 되었다.

꧁

하나를 골라야 한다면, 때때로 내가 원하는 것을 먼저 생각하는 능력이 부족했던 것을 후회한다. 품위 있는 거절을 하라. 가끔은 타인이 당신을 어떻게 생각하는지 신경 쓰지 않아도 된다. 자신이 원하는 것이 무엇인지 생각하면서 타인을 배려하는 일도 얼마든지 가능하다. 자신을 우선시하지 않는 사람이, 타인은 이기적이라고 원망하는 것은 잘못된 일이다.

꧁

나는 비교하고, 평가하고, 허락을 구하고, 상처받고, 인정을 바라고, 밖에서 행복을 찾는 데 너무 많은 시간을 썼다. 이제는 사람들을 용서하고, 그들을 있는 그대로 인정하고 싶다. 그들을 변화시키려고 애쓰는 데 시간을 낭비할 수 없다. 단지 그들을 향한 나의 기대치를 조절할 뿐이다. 나는 또한 더 이상 상처받는 데 시간을 낭비하지 않을 것이다. 만약 누군가 나에게 무례하게 군다면, 그게 뭐 그렇게 대수랴! 중요하지 않다. 아마도 그들은 정신적으로 성장하지 못했고 자신의 감정을 표현할 더 나은 방법을 모를 뿐이라고 생각할 것이다. 나는 지금의 단계에서 한 발짝 전진하고 싶다. 그래서 내 안의 모든 추한 것들과 작별하고 싶다.

✍

뒤돌아보면 우리 부모님은 가난했지만, 나에게 필요한 모든 것을 주셨다. 나의 동력이며 위대한 가치인 사랑 말이다. 부모님은 내가 우수한 교육을 받을 수 있도록 많은 것을 희생하고 절약하셨다. 그래서 나는 나뿐만 아니라 부모님을 위해 성공하고 싶었다. 나는 그들의 희생이 가치 있는 일이었다는 것을 증명해야 했다.

나는 13살 때 변호사가 되기로 결심했고, 2년 안에 대학을 마친다는 계획을 세웠다. 학교에 다니는 것은 나에게는 일과 같았다. 재미는 목표가 되지 못했다. 내가 열망하는 일을 하는 것은 선택지에 없었다. 나는 경제학을 좋아했다. 하지만 학위를 취득해서 중위권 대학교에서 학생들을 가르치게 된다는 것은, 나에게 단지 아등바등 살아가는 교수가 된다는 사실 이외에 어떤 것도 보장해주지 않는다고 생각했다.

나는 내 마음이 열망하는 것을 좇지도 않았고 대학 생활을 즐기지도 않았다. 그런 '낭만'은 나의 미래에 방해만 될뿐이라고 생각했기 때문이다. 나의 모든 관심은 온통 명문 로스쿨에서 법학 학위를 취득하는 것, 최고의 직장을 찾는 일에만 쏠려 있었다. 변호사가 되는 일이 갖는 의미, 그에 따르는 책임에 대해서는 아는 것이 아무것도 없었다. 하지만 변호사가 되면 돈을 많이 벌 수 있다는 사실은 정확히 알았다.

운 좋게도, 나는 나의 일에 열정이 있다. 나는 나의 일을 사랑한다. 그러나 아이에서 어른이 되어가는 그 10년 동안 인생의 즐거움을 포기했던 것은 후회한다. 나는 41년이 아닌 39년 동안 변호사로 일해왔고, 2년 동안은 대학 생활을 즐겼노라고 말할 수 있었으면 좋았겠다고 생각한다.

나는 아이들에게 전하고 싶다. 경험하고 성장하는 것은 그들이 즐겨야 하는 삶의 일부라고, 그러니 나 같은 실수는 하지 말라고.

나의 가장 큰 후회는, 내가 좀 더 빨리 다른 사람에게 도움을 요청하지 않았다는 것이다. 도움을 요청하는 것은 약점을 드러내는 일이 아니라 자신감, 성향, 관용의 표현이라는 것을 깨닫기까지 오랜 시간이 걸렸다. 도움을 요청함으로 인해서 타인과 더 깊은 관계를 맺을 수 있었다. 나는 가까운 사람들과 함께 어려움을 극복했고, 이를 함께 기념했다. 나의 사랑하는 이들 또한, 타인에게 도움을 요청하면서 얻게 되는 누군가와 연결되어 있다는 느낌, 강해지는 느낌을 경험할 수 있게 되길 바란다.

〰

내가 조금 더 빨리, 더 나은 치료를 받았으면 좋았겠다고 생각한다. (상담 치료와 약물 치료 모두 다.) 그리고 나의 아내와 딸도 그러기를 바란다. 치료를 통해 내 삶은 크게 달라졌다. 일찍 치료를 시작했다면 더 빨리 좋아졌을 것이다.

〰

나는 거의 30세까지 내가 모든 걸 다 알지는 못한다는 사실을 다른 사람에게 털어놓는 것에 대한 두려움이 있었다. 그것이 후회스럽다. 누군가가 나를 약하게 볼까 봐 두려웠다. 나는 새로운 것을 배울 때마다 보이는 미숙한 내 모습을 부끄러워했다. 그 부끄러움 때문에 필요할 때 도움을 요청하기가 너무나 힘들었다. 그리고 이런 성향은 어떤 길로 나아가려 할 때마다 나를 막는 장애물이 되었다. 지금은 완벽주의자가 되어야 한다는 부담에서 벗어나 망가지는 법을 배우게 되어 기쁘다. 그리고 난 여전히 나 자신을 사랑한다.

✍

여유를 가지고 오늘을 즐겨라. 현재를 살아라. 나는 다음에 해야
할 일을 생각하며 순간을 흘려보내기보다는 매 순간을 음미했어
야 했다. 더 많이 여행했어야 했다. 특히 남편과 가까운 곳으로
라도 자주 여행을 다녔다면 얼마나 좋았을까 생각한다. 왜냐하
면 함께한 경험, 특히 여행은 추억을 만드는 최고의 방법이기 때
문이다.

✍

내가 가장 후회하는 것은 모두 시간과 관련되어 있다. 나는 그
순간에 일어나고 있는 일에 대해 충분히 이해하고 집중하지 못
한 채로 그냥 그 일을 계속 밀고 나갔다. 그리고 이런 태도는 나
의 임무와 목적에 영향을 주었다. 그러나 지금은 내가 놓쳐버린
것들을 자각하고 있다. 그리고 나의 삶과 세상에서 일어나고 있
는 경이롭고 놀라운 일들을 충분히 체감하는 데 더 많은 시간을
할애하지 않은 것을 후회한다. 내 주변에서 일어나고 있는 일에
대해 당연히 나도 책임이 있다는 것을 항상 인지하고 있었어야

했다. 하지만 많은 시간 그렇게 하지 못한 것을 후회한다.

⁂

내 마음속에 가장 크게 자리 잡고 있는 후회는, 나에게 중요한 순간이었음에도 그 시간을 생각 없이 흘려보냈다는 것이다. 현재에 온전히 몰두하지 못했다. 어떤 순간에 진심으로 몰두했을 때에만 알 수 있는 깊이 이어진 느낌, 진정한 친밀감을 놓쳐버린 것을 후회한다. 나는 많은 곳을 다녀봤지만 그곳의 호텔이나 특정 장소에만 익숙하다. 그 지역을 구석구석 둘러보는 것보다 일이 더 중요했기 때문이다. 일을 매개로 수없이 많은 흥미로운 사람들과 만났지만, 당장 닥친 일에만 집중하느라 깊이 있는 교류나 경험의 기회를 놓쳐버렸다.

말도 안 되는 것 같지만, 나에게 기쁨이라는 감정은 익숙하지 않다. 일을 완성시키고, 성공하고, 목표를 달성하고, 마치 영화 속에서 어떤 역할을 연기하듯 그 프로젝트를 끝마치기 위해 깊이 몰두하지만, 그로 인하여 발생하는 기쁨을 누리는 일에는 그렇지 못했다. 그랬던 나를 후회한다. 나는 그런 종류의 감정을 포기하는 이유는 자존감이 부족하기 때문이라고 생각한다. 일이라는 방패 뒤에 숨지 않기 위해서는 내 존재 자체로 충분하다는 자신감이 필요하다.

딸의 성년식이 있던 날, 나는 딸에게 삶을 긍정적으로 바라보라고 말해주었다. 내 딸이 긍정적인 태도로 살아가기를 간절히 바란다. 다른 사람의 시선을 사로잡을 수 있는 힘, 바람을 맞으며 피부에 닿는 그 시원함과 엷은 안개를 온전히 느끼는 힘, 자연에 마음을 여는 힘, 자신을 내려놓음으로써 변화를 이끌 수 있다는 것을 아는 힘을, 내 딸이 풍성히 갖게 되기를 간절히 바란다. 나의 딸이 자유분방하게 큰 소리로 웃고, 있는 그대로의 모습으로 자유롭게 살기를 간절히 바란다. 지금 그대로의 모습으로 충분하며 자신의 생각을 세상에 드러내 보여도 괜찮다는 것을 알게 되기를 간절히 바란다. 아무리 짧은 순간이라도, 그 영광스러운 순간을 온전히 느끼고 즐기기를 간절히 바란다.

∽

나에게 후회되는 일은 많지 않다. 현재에만 집중하며 사는 습관 덕분이다. 내가 15살 때 아버지가 갑자기 비행기 사고로 돌아가셨다. 그때 과거를 돌아보지 않는 내 삶의 태도가, 슬픔을 이겨내고 위기를 극복해내는 데 많은 도움이 되었다.

나는 사랑하는 이들이 지금 이 순간을 온전히 살아가는 것의 중요성, 어떤 후회도 남기지 않기 위해 매 순간 최선을 다하는 것의 중요성을 절감했으면 한다. 왜냐하면 내일 당장 어떤 일이 일어날지 모르기 때문이다. '매일이 선물인 것처럼 살아가라.' 나는 이것이 진실이라 믿는다.

꩜

나는 조바심 내고 걱정하느라 낭비한 시간, 잘못된 일을 바꿔보려고 애쓰느라 흘려보냈던 시간을 후회한다. 나의 할머니는 이런 명언을 남기셨다. "난 내가 어쩔 수 없는 일에 대해서는 걱정 안 한다." 나는 그런 정신 상태로 무장하기까지 너무 오래 걸렸다.

꩜

나는 뮤직페스티벌에서 지미 헨드릭스Jimi Hendrix의 공연 순서를 기다리지 않고 새벽 2시 30분에 공연장을 떠난 적이 있다. 그때는 언제든 그의 공연을 다시 볼 수 있을 거라고 생각했다. 하지만 그는 3주 후 사망했다. 내가 배운 교훈은 이것이다. 미루지 말고 참을성을 가져라. 그리고 기회를 놓치지 마라.

우리 엄마는 미시시피 뉴턴에 있는 작고 형편없는 병실에서 홀로 돌아가셨다. 엄마가 우리의 삶 내내 우리를 안아주셨듯이 그 마지막 순간에는 우리가 엄마를 안아주었어야 했다. 우리 모두가 지켜보는 가운데 떠나셨어야 했다. 엄마가 우리를 달래주었듯이 우리도 엄마를 안심시켜드리며 곁을 지켰어야 했다. 생을 마친 엄마가 편안히 떠날 수 있도록 곁을 지켰어야 했다. 내가 성인이 된 후 쭉, 엄마는 동생과 내가 엄마 집에 놀러갔다가 다시 금 각자의 생활 터전으로 돌아갈 때면, 집 밖에까지 나와 배웅해주시곤 했다. 엄마는 우리가 보이지 않을 때까지 밖에 서서 손을 흔들어주셨다. 우리는 이 세상을 떠나는 엄마를 배웅하며 곁에 있었어야 했다.

나에게 후회가 있다면, 서로 결속하고 보살피는 것이 얼마나 중요한 일인지 우리 아이들에게 더 열심히 가르쳐주지 못한 것이다. 나는 내가 아이들에게 그러한 일의 중요성에 대해서 많이 이야기해주며 나름 잘 가르쳐왔다고 생각했다. 아이들은 서로를 사랑하고 있고, 누군가에게 위기가 닥쳤을 때는 서로의 곁에서 확실히 힘이 되어줄 것이라는 사실을 알고 있지만, 내가 바라는 만큼 자주 연락하며 가깝게 지내는 것 같지는 않다. 나는 아이들이 서로에게 충분히 사랑을 표현하고 있는지 잘 모르겠다.

서로 자주 연락하지 않는 이유를 알고 싶다. 그러나 나는 아마도 이런 시기는 일시적이어서 곧 지나갈 것이며, 아이들이 더 나이가 들면 형제자매가 얼마나 소중한지 알게 될 거라는 희망을 가지고 있다.

✍

내가 인생에서 가장 후회하는 일 중의 하나는 강연 때문에 부모님의 결혼 60주년 기념 파티에 참석하지 못한 것이다. 강연은 내 인생에 있어 사소한 일이었지만, 그날 부모님의 기념 파티는 부모님이 함께하는 마지막 파티가 되었다. 그 일로 인해, '사랑하는 이를 위한 중요한 행사에 반드시 참석해서 또 다른 후회를 만들지 않겠다'라는 결의를 다질 때까지, 나는 스스로를 꽤 많이 괴롭혔다. 지금까지도 그 일은 심리 치료 때마다 나에게 영향을 주는 약간의 트라우마로 남아 있다.

부모님의 나이 들어가는 모습을 체감하고 있다면, 나의 선택은 확실했어야 했다. 그러나 이러한 결정은 항상 확실하지가 않다. 때때로 부모님을 뵈러 가려고 했지만, 많은 경우 다음으로 미뤘다.

나에게 더 후회스러운 일은, 내 손자의 유치원 입학식에 가지 않은 것이다. 손자가 몇 년 동안 나의 아내인 할머니의 사랑과 돌봄을 받다가 처음으로 사회에 나가던 날, 그 모습을 보러 가지 않은 것을 너무나 후회한다. 수업이 있는 날은 언제든지 조부모의 유치원 방문이 가능하다고 했다. 그래서 봄이나 여름, 어느 편한 날에 갈 수 있을 거라고 생각했다. 그러나 비극적이게도, 제레미는 7월 4일 주말에 익사 사고로 세상을 떠났다. 단 하루만이라도 손자가 노는 모습을 다시 볼 수 있다면 난 내 전 재산을 줄 것이다.

그래서 내 유언 편지의 중요한 메시지는, 우리는 우리에게 혹은 우리가 사랑하는 사람들에게 시간이 얼마나 남아 있는지 알지 못한다는 사실을 인정하는 겸허함과 지혜를 가지라는 것이다. 두 번째 기회는 결코 없는 것처럼 행동하라. 왜냐하면 정말 없을지도 모르기 때문이다. 사랑하는 사람을 보러 가는 일을 미루어 가슴 아픈 후회를 만들지 말라.

※

나는 가족, 친구들과 더 많은 시간을 보내지 못한 것을 후회한다. 정떨어지는 행동, 친구들이 나를 버린 것처럼 행동했던 것을 후회한다. 어릴 때 책임감 없는 행동으로 인해 딸을 키우는 대신에 감옥에 갔던 것을 후회한다. 동부 해안에 살고 있는 형제자매, 조카들, 엄마를 방문해 그들과 더 많은 시간을 보내지 못한 것을 후회한다. 너무 자주, 많이 바빴던 것을 후회한다.

※

나는 대가족의 일원이지만 결혼을 해본 적도 없고 아이도 없다. 나에게는 심지어 반려견도 없다. 나는 결혼과 가족이 정말 모든 사람을 위한 것이라고 믿지는 않지만, 나에게 아내와 아이들이 있었다면 내 삶이 어떤 기쁨으로 풍성해졌을지 가끔 궁금하기도 하다. 내가 정말 진정한 삶의 의미를 놓친 걸까? 나는 형제자매들과 더 자주 연락하고 지냈으면 좋지 않았을까 생각한다. 사실 형제자매가 10명인 상황에서 모두와 연락하고 지내는 것은 쉽지 않았다. 그래서 대개는 우리 엄마가 가족들 간의 소통의 구심점이 되었다. 그 결과, 지금 우리는 어릴 때처럼 서로 가깝게 지내지 않는다. 나는 장남으로서 가족들에게 좀 더 자주 사랑을 전하고 소통했으면 좋았겠다고 생각한다.

❦

어떤 방식으로든 주변 사람들에게 더 자주 연락했다면 좋았을 것이다. 나는 어린 시절에 부끄러움이 많고 남의 눈을 너무 의식해서 사람을 만나면 말 그대로 얼어붙고는 했다. 이런 성향을 극복하는 데 수십 년이 걸렸다. 다른 사람들과 쌓을 수 있는 많은 경험과 기회를 놓친 것 같아 안타깝다. 다른 사람들에게 더 도움이 되는 사람이었다면 좋았을 거라는 후회가 있다.

❦

나의 가장 큰 후회는, 몸은 사랑하는 사람과 함께 있으면서 정신은 어딘가 다른 곳에 있었던 모든 시간들이다. 어딘가 다른 곳에서 일어나는 어떤 문제를 해결할 방법을 생각하느라 내가 소중히 여기는 사람들에게 온전히 집중해야 할 시간을 낭비했다. 가족과의 시간에 집중하기 위해 전화기를 내려놓는 것은 단순히 그 시간만을 위한 일이 아니다. 매 순간 의도적으로 심호흡을 하고 현재에 집중하면 알게 되는 것이 있다. 사랑뿐만 아니라 때때로 고통과 슬픔도 더 깊이 느끼게 된다. 하지만 그렇게 할 때, 나는 더 많은 것을 이해하게 되고, 나의 사람들을 위해 온전히 그들 곁에 있을 수 있다.

❧

나는 무언가를 하려고 할 때마다 두려움 때문에 많이 망설였다. 그래서 지금 내가 바라는 것은, 사랑하는 이들이 자신의 직감과 목적을 따라 두려움 없이 행동하는 것이다.

나는 친구가 나와 인연을 끊을지도 모른다는 두려움 때문에, 약물 문제로 고통받고 있는 그녀의 일에 개입하기까지 너무 오랜 시간 망설였던 것을 후회한다.

결국 나는 그녀의 일에 개입했고 내가 상상한대로 많이 힘들었다. 그녀는 2년 동안 나와 연락을 끊었다. 그러나 치료 과정을 거친 그녀는 나아졌고, 나는 그때의 내 결정에 후회하지 않는다. 지금 우리는 전보다 훨씬 더 가까운 친구가 되었다.

❧

나는 우리 아이들이 어릴 때 일을 하느라고 너무 많은 시간을 회사에서 보냈다. 결과적으로 그 시기 동안 아이들 양육에 있어 내가 놓친 부분들이 많았다. 하지만 나의 아내가 그 부분을 훌륭히 잘 메워주었다. 나는 가족들이 나를 사랑한다는 것을 알고 있다. 나 역시 우리 가족을 너무나 사랑한다. 그러나 과거에 내가 놓친 것들에 대해서는 결코 알 길이 없다.

방금 읽었던 편지의 주인공들처럼 아마 당신도 후회하는 일이 있을 것이다. 당연히 나도 후회하는 일이 있다. 나는 지난 35년 동안 다른 사람들의 후회를 들어주며 많은 것을 배웠다. 그러한 배움을 통해 나는 덜 고통스럽고, 더 아름다우며, 더 의미 있는 삶을 살 수 있었고, 그들과 같은 후회를 만들지 않도록 노력할 수 있었다. 내 마음에 남아 있는 후회를 공유하는 일이 어떤 식으로든 나의 아이들에게 도움이 되기를 바란다.

첫 질문으로 '무엇을 후회하는가?'를 선택한 이유가 있다. 후회를 공유하며 시작하는 것은, 여러분이 이제부터 두려움 없이 진실만을 말하기 위해 필요한 과정이다. 후회를 이야기하는 것은 스스로의 취약성을 인정하고 정직한 성찰을 보여주는 일이기 때문에 다음 장에서 이어질 질문들에 대한 대답에 신뢰와 깊이를 더해줄 것이다. 우리가 후회하는 일에 대해 정직하게 말하는 것은, 사랑하는 사람들이 똑같은 잘못을 저지르고 후회하지 않도록 돕는 일이기도 하다. 자신의 꿈을 뒤로 하고 타인의 기대를 충족시키기 위한 삶, 타인에게 도움받는 것을 두려워하는 삶, 중요한 순간뿐만 아니라 매일을 기념하고 더 많은 사랑을 나눌 수 있는 기회를 놓쳐버리는 삶을 살지 않도록 말이다. 지금, 그리고 당신이 세상을 떠났을 때, 사랑하는 이들이 당신의 경험에서 배울 수 있도록 진실되게 당신의 후회에 대해 말하라. 혹여 당신의 약점이 될 수 있는 후회라고 할지라도 모두 다 솔직하게 터놓고 이야기하라.

이제 당신 차례다.

인생에서 가장 후회하는 일은 무엇인가?

다시 과거로 돌아간다면 바꾸고 싶은 일은 무엇이며,

그 이유는 무엇인가?

## 2장

# 마음 가는 대로 행동했던 순간은 언제인가

당신의 마음을 들여다볼 때 시야가 분명해질 것이다.
밖을 보는 자는 꿈을 꾸고 있고
안을 보는 자는 깨어 있다.

**칼 융** Carl Jung

우리 가족의 유전자에는 모험가 기질이 없다. 우리 4형제는 모두 우리가 자랐던 미네소타의 집에서 몇 킬로미터 떨어지지 않은 곳에서 살고 있다. 내가 자랐던 1960년대 교외 지역은 사회적 관습이나 규칙에 순응하는 것이 익숙한 곳이었다. 그곳에서 '적절한 행동'이란, 항상 머리를 숙인 겸손한 자세로, 절대 먼저 나서지 않고 다른 사람의 행동을 따르는 것이었다. 아버지는 자주 창의력을 하찮은 것으로 무시했다. 모든 사람들, 장소, 물건에 관해서 늘 평범함이 화려함보다 낫다고 생각했다. 나의 여자 형제 3명은 모두 같은 대학에 갔는데, 아버지가 통금 시간이 있는 여자 전용 기숙사가 있고, 집에서 자동차로 운전해서 갈 수 있는 거리의 대학에 가야 한다고 주장했기 때문이다.

그중에서 무엇보다도 최악인 것은, 내가 어린 시절 내내 아버지의 영향으로 세상에 대해 부정적인 시각과 두려움을 갖고 살았다는 사실이다. 아버지는 가난하게 자랐다. 미네소타에 겨울이 오면 돈이 없어 집 안을 덥히기 위해 파라핀지를 태워야 할 정도였다. 10대 시절에는 바지도 단 두 벌밖에 가지고 있지 않았다. 한 벌은 매일 밤 세탁해서 일하러 갈 때 입었고 나머지 한 벌은 일할 때를 제외하고 항상 입는 평상복이자 잠옷이었다. 내가 어렸을 때 아버지는 만일에 대비해 지하실에 있는 창고 바닥의 숨겨진 공간과 뒤뜰에 있는 상수리나무 아래에 금화를 묻어두곤 했다. 아버지는 그렇게 하는 이유를 다음과 같이 설명했다. "절대 그럴 일은 없겠지만 우리가 도망갈 일이 생겼을 때를 대비하는 거야!" 당시 어린 소년이었던 나는 궁핍해지거나, 실체가 없는 나치와 같은 독재자에게서 필사적으로 도망쳐야 하는 미래를 두려워했다. 아버지는 종종 영어로 번역된 이디시어(중앙 및 동부 유럽에서 쓰이던 유대인 언어-옮긴이) 문장을 인용하곤 했는데, 그것은 '심지어 고양이 한 마리가 일을 개판으로 만들 수도 있어'였다. 이 말의 의미는 모든 행동, 모든 결정, 모든 관점에 있어서 예기치 못한 위협에 대비해야 한다는 것이었다. 언제든 예상치 못한 작은 일이 생길 수 있고 그것이 재앙을 일으킬 수도 있기 때문에 늘 긴장하고 살지 않으면 결국 죽을 수 있다는, 은유적이거나 말 그대로의 의미를 내포한 말이었다. 아버지의 이런 가르침은 내가 성장할 때 실체 없는 두려움을 갖도록 만들었으며 오늘날까지도 나를 너무나 고통스럽게 하는 내 안의 많은 불안의 근원이기도 하다. 여러 날, 몇 주, 심지어 수개월 동안 삶으로부터의 즐거움을 모조리 빨아들일 수 있는 그런 불안 말이다.

나는 이러한 두려움과 불안 속에서 자랐지만 그럼에도 불구하고 인생에 있어 머리보다는 마음 가는 대로 행동했던 순간이 두 번 있었다. 그때마다 나는 아버지와 불화를 겪었다. 처음 내 마음이 이끄는 대로 행동했던 순간은, 고물을 재활용하는 가업을 이어받거나 로스쿨에 가는 것을 거부하고, 랍비 학교에 가기로 결정했던 때이다. 아버지에게 대학 졸업 후 신학대학에 지원하기로 결심했다고 말하자, 아버지의 대답은 "랍비는 거지들이야"였다. 그것은 자신 이외의 사람들을 위해 일하지 말아야 한다고 나에게 경고하는 아버지의 방법이었으며, 그런 생각은 랍비들로부터 수년 동안 여러 번 돈을 달라는 요청을 받았던 아버지의 경험에서 비롯

되었을 가능성이 매우 크다. 아버지의 말은 맞았다. 하지만 그것은 극히 일부분이다. 그렇다. 랍비가 되는 것은 수천 명의 사람들에게 봉사하는 일이며, 전적으로 자신의 성공은 포기하는 일이고, 신탁 이사회와 대중의 비판에 얽매이는 일이다. 또한 때때로 사람들과 랍비의 역할 간의 이상한 관계 때문에, 타인이 랍비에게 거는 부담스러운 기대들도 있다. 랍비가 된다는 것은 이런 기대에도 종속된다는 것이다. 너무 많은 장례식이 있으며, 너무 많은 슬픔, 질병, 이혼, 절망, 문제를 다뤄야 해서, 나는 종종 가족과 보내야 할 시간이나 나 자신의 정신을 희생하여 타인에게 도움을 주어야 한다. 맞다. 분명 구걸하는 일도 있다. 오래된 우스갯소리에 진실이 있다. "예전에는 부자들이 현인의 집 앞에 줄 서 있었다면, 지금은 현인들이 부자들 집 앞에 줄을 선다." 나는 궁극적으로 규모가 큰 기관의 복지를 책임지고 있다. 이 기관은 사명을 다하기 위해 1년에 수천만 달러가 필요하다. 그리고 그 수천만 달러의 기금을 모으는 것이 나의 일이다. 아버지의 말대로 그렇게 '구걸하는 일'은 분명 스트레스 받는 일이다. 가끔은 모욕적이기도 하고, 항상 지치는 일이다. 그리고 결과가 충분히 좋지도 않다.

그러나 나는 어렸을 때부터 알고 있었다. 나는 랍비가 되기 위해 태어났고, 랍비가 되도록 부름받았다는 것을. 랍비가 될 수밖에 없도록 영향을 주는 요소들이 내 삶의 여정 곳곳에 있었다. 나를 사로잡은 성경의 경이로움이, 어린 시절 안식처의 고요한 웅장함이, 고대어로 쓰여진 음악과 시의 풍부한 창의성이, 학식 있는 랍비의 모습이, 오롯이 혼자만 있을 때 느끼는 편안함이, 종교가 추구하는 초월감이 나의 마음에 속삭였다. 나에게 큰 의미가 있는 어떤 것을 실제 행동으로 옮기는 일은 어려웠던 때였기에, 내가 그런 결정을 내릴 거라고는 스스로도 상상하지 못했다. 아버지에게 나의 결정을 말씀드리고 난 후 얼마 지나지 않아, 캠퍼스 커플이었던 대학시절 여자친구의 아버지가 나에게 했던 말이 기억난다. "내 아들이 랍비가 되겠다고 한다면 난 너무 자랑스러울 것 같아." 그때 비로소 나는 알게 되었다. '한 마리의 고양이'가 모든 것을 망칠 거라는 두려움에 영향을 받지 않고 어떤 선택을 할 수 있는 아버지도 있다는 것을, 자신의 아이들이 마음이 이끄는 대로 삶을 결정할 때 자랑스러워하는 사람도 있다는 것을 말이다. 그래서 나는 마음이 이끄는 곳으로 가고 있는 스스로가 자랑스러울 수 있었다.

그 후 내가 랍비 서임을 받고 수년 동안 연단에서 설교할 때, 나의 부모님은 그 설교를 듣기 위해 당신들이 겨울을 나고 있는 팜스프링스에서 이른 아침 길을 떠나, 로스엔젤레스까지 운전해

**65**

서 오시곤 했다. 얼마나 많은 신도들이 참석했는지와는 상관없이, 그중에서 가장 밝은 미소를 띠고 있는 분들은 항상 나의 어머니와 아버지였다. 랍비가 되기로 한 나의 결정은 내 인생을 바꾸어놓았을 뿐만 아니라 인생을 만들어갈 수 있게 해주었다.

내가 두 번째로 마음에 이끌려 인생의 큰 결정을 했을 때는, 스스로에게 통제권도, 다른 선택지도 없다고 느꼈었다. 내가 전에 알고 있던 것과는 전혀 다른, 어떤 면에서는 자명한 진리와 같은 느낌. 많은 사람들이 적어도 인생에 한 번쯤은 이와 같은 진리를 체감하는 행운을 누린다. 바로 누군가에게 첫눈에 반하는 일이다.

나는 그 일을 마치 오늘 일어난 일처럼 생생히 기억한다. 1984년 2월 오하이오 신시내티. 나는 작은 유대교 회당의 일요학교를 운영하면서 랍비 학교를 다니고 있다. 아르바이트를 하던 사무실이었다. 미술 선생님이 한 친구와 함께 걸어 들어온다. "이쪽은 벳시야. 오늘 나 보러 왔어." 미술 선생님이 말한다. 나는 순간 정신이 멍해지고, "이쪽은"이라는 단어만 들린다. 벳시의 파란 눈과 부끄러운 듯한 시선을 마주하자 나의 영혼이 깨어난다. (나는 그 순간이 되어서야 '눈은 영혼의 창'이라는 표현의 의미를 완벽히 이해했다.) 나는 사랑에 빠졌다. 나는 이 순간 벳시도 정확히 나와 같은 감정을 느꼈었다는 것을 나중에 알게 된다.

우리는 그날 저녁식사를 함께하기로 했다. 저녁식사가 12시간의 데이트로 이어졌고 대부분의 시간을 오하이오강 옆에 앉아 자연스럽게 서로의 삶에 대해 이야기하며 보냈다. 나의 최근 연인과의 이별 이야기, 벳시가 최근 겪은 암 투병 이야기, 그녀가 뉴욕으로 돌아가면 기다리고 있을 망가진 관계에 대한 이야기, 각자의 꿈, 좋아하는 것, 사랑, 가족, 고통……. 기억 속의 장면은 우리의 다음 데이트로 넘어간다. 우리는 나의 집에서 저녁식사를 한 후에 함께 소파에 앉아 있었다. 나는 전과는 다른 방식으로 마음속의 말들을 전해야 한다는 충동을 느꼈다. "벳시, 난 당신이 내 운명이라고 생각해요."

"저도 그래요" 그녀가 대답했다.

"그러면, 우리 약혼한 건가요?" 나는 물었다.

"그런 것 같아요." 그녀는 마치 우리 둘 다 중력이나 산소와 같이, 세상에서 가장 명백한 것의 존재를 인정하는 것처럼 당연하게 대답했다.

그러고 나서, 벳시를 알아온 시간이 고작 몇 시간밖에 되지 않은 24살의 나는, 부모님께 전화했고 결혼할 거라는 소식을 전했다. 부모님은 어쩔 줄 몰라 하시며 이렇게 대답하셨다. "누구랑?"

"지난 주에 만난 여자예요" 나는 대답했다. 그 대답이 부모님을 얼마나 놀라게 했을지 전혀 생각하지 못했다.

아버지가 먼저 말했다. 아버지는 대단한 직감의 소유자이며, 세상 물정에 밝고, 자신의 믿음에 대한 확신이 있는 분이었다. 아버지는 나의 남동생에게 이런 유명한 말을 한 적이 있다. "내가 한 번 잘못했다고 말했으면 잘못한 거야."

"스티븐, 넌 결혼 안 할 거야." 그는 쏘아붙였다. "약혼하는 쪽으로 생각해봐."

그때 나는 확신이 있었고 그래서 아버지에게 전에는 전혀 써본 적 없던 말투와 언어로 내질렀다. "아버지, 그런 식으로 말하지 마세요. 전 결혼할 거예요!"

아버지보다는 직감의 중요성에 대해 더 잘 이해했던 엄마는 단지 이렇게만 말했다. "빨리 만나보고 싶네."

마음 가는 대로 했던 이 결정으로 인해 거의 40년 동안, 나에게는 웃음, 사랑, 아이들이 생겼고, 가끔은 너무 적은 돈이 있기도, 성관계가 있다가 아예 없기도 했다. 불안, 척추부상, 수술, 오피오이드(아편과 비슷한 작용을 하는 진통·마취제-옮긴이)와 그로 인한 우울과의 투쟁이 있기도 했으며, 새로운 암과 또 다른 질병으로 인한 벳시의 투쟁이 있었다. 우리에게 너무 자랑스러운 아이들이 있었고 그래서 더 많은 웃음꽃이 있었으며 우리를 사랑하는 가족,

친구도 있고 우리를 우울하게 만드는 타인도 있었다. 함께 세상을 여행하는 일도, 그러고 나서 집의 소중함을 알게 되는 일도 있었으며, 서로 말은 없었지만 이불 안에서 손을 맞잡은 것만으로도 너무 만족스러운 시간도 있었다. 우리는 다치고, 치료하고, 서로 기분 상하게 하고, 용서하고, 아프고, 걱정하고, 어떤 어려움이 있어도 이 모든 것을 이겨내도록 서로 도와준다. 우리는 이러한 축복에 감사하며 서로가 있다는 것을 신께 감사드린다.

사람들에게 자신에게 가장 중요한 것이 무엇인지 물어보면, 대부분이 자신의 삶의 많은 부분을 쏟아부은 가족, 일, 혹은 어떤 열정이라고 대답한다. 그 사람들에게 어떻게, 그리고 왜 그 일에 삶을 헌신하기로 선택했는지 물어보면, 거의 모두가 다른 사람들이 예상하는 극히 평범하고 이성적인 길을 택하기보다는 마음의 소리를 들었던 결과였다고 말할 것이다. 이것은 삶의 가장 강력한 교훈 중의 하나다. 이 부분에 대해서는 나의 이야기보다 이 질문에 답한 다른 사람들의 이야기를 들어보라.

✺

나를 베트남 전쟁 반대 시위에 참여하도록 이끌었던 것은 무엇일까? 확실히 말할 수 있는 것은 머리로 한 일은 절대 아니라는 것이다. 나는 군대 소속의 랍비였다. 내가 입었던 것과 같은 군복을 입은 젊은 남성, 여성들이 희생해야 하는 전쟁을 너무나 경멸했기 때문에 나에게는 선택권이 없었다. 그래서 나는 노래했고, 소리쳤으며, 박수 쳤고, 주먹을 흔들었으며, 정의와 도덕으로 여기는 것을 위해 계속해서 싸우겠다는 나의 의지를 분명히 보여주었다. 그동안 나는 줄곧 대위 계급장이 달린 옷을 입고 있었다. (기본 훈련을 마친 후에, 유일하게 나에게 맞는 옷이 군복이었기에.) 시위 다음 날, 사령관에게 불려가 경고 같은 것을 들었다. 그러나 그 전쟁은 잘못된 것이었고 나는 내가 응당 있어야 할 곳으로 갔던 것이다.

마틴 루터 킹Martin Luther King의 암살은 미국 사회의 잔혹한 구조적 변화의 시작이었다. 우리는 어떤 세상에 살고 있는 것인가? 나는 내가 앞으로 몇 달 동안 무엇을 할 것인지 알고 있었다. 그러나 그날 밤에 대해서는 알았을까? 킹이 죽은 그날 밤을? 그날 밤, 밀워키의 아프리카계 미국인 사회의 역사적 중심지인 브론즈빌로 나를 이끌었던 것은 이성적 판단이 아니었다. 그 도시는 봉쇄된 상태였고 시카고는 불타고 있었다. 사람들은 분노로 울부짖으며 거리로 뛰쳐나왔다. 동료였을 뿐만 아니라 친구이자 파트너였던 흑인 목사들과 지역 사회 지도자들도 그 자리에 있었다. 나는 그날 밤, 교외에 있는 안전한 나의 집에 그

낭 머물러 있어도 상관없을 터였다. 아니 그렇게 하는 것이 합리적인 일이었다. 하지만 나의 가슴은 피눈물을 흘리고 있었다. 나는 운전해서 중간지대로 갔다. 우리는 서로 끌어안고 함께 울었다. 그리고 계획을 세우기 시작했다.

자기방어는 합리적인 것이다. 내가 모스크바에 간다고 하자, 아내는 아이들에게 아빠를 한참 동안 못 볼지도 모르니 각오하라고 말했다. 나는 학계와 상업계에서 쫓겨난 유대인 출국금지자 가족들에게 종교물품과 다른 생필품들을 전달하기 위해, 랍비를 훈련시켜 구소련에 들여보내는 뉴잉글랜드에 있는 작은 부대의 일원이었다. 출국이 금지된 유대인들은, 구소련을 떠나 이스라엘이나 미국으로 갈 수 있는 자신들의 권리를 주장하다가 직위를 잃은 사람들이었다. 나는 나의 형제자매들의 해방을 위해 시위하고 행진하다가 소련 영사관 밖에서 체포되었다. 또 소련에 있는 유대인에 대한 첫 번째 국제회의에 참석하기 위해 브뤼셀에도 갔다. 그 후로도 나는 지하의 유대인 보육원에서 아이들을 가르쳤으며, 이 집 저 집에 희망의 메시지를 전하러 다니기도 했다. 나는 끊임없이 도청과 미행에 시달렸다. 그럼에도 우리는 끊임없이 외쳤다. "이주를 허가하라."

우리 아이들은 이러한 이야기들을 다 알고 있다. 그리고 그들의 삶에 이러한 가치관이 반영되어 있다. 나는 내 사람들의 안녕과 모든 타인들을 위해, 한 명의 사람으로서, 그리고 한 명의 유대인으로서, 우리 민족과 타인의 행복을 위해 어떤 의무감을 갖고 있는지 아이들에게 설명하려고 노력하고 있다. 이러한 선택은 내 마음의 소리에 이끌린 결과이며 또한 미래 세대가 스스로 결정을 내려야 할 때, 그들에게 본보기가 되기를 바라는 희망에서 나온 결과이다.

<br>

30대 중반에 내가 성 소수자임을 밝혔다. 마침내 나는 내가 아닌 척하는 것을 그만두고, 있는 그대로의 나로 살아야 한다는 것을 깨달았다. 내 마음은 항상 내가 누구인지 말해주었지만, 머리는 내가 아닌 누군가가 되려고 했고, 또 그렇게 하라고 나를 설득했다. 마침내 내가 성 정체성에 대해 인정했을 때 인생이 완전히 달라졌다. 진정한 나로 거듭났고 더 자비로운 마음이 생겼다. 내 안의 많은 분노가 사라졌다. 그때 이후로 나는 정말 멋진 삶을 축복으로 받았다.

나는 이 질문이 좋다. 마음의 소리를 따를 때마다 항상 큰 축복을 받았으니까. 공유할 수 있는 이야기들이 많다. 한번은 내 마음이 옳다고 생각하는 대로 연봉이 높은 일자리를 거절한 적이 있다. 그리고 그러한 선택으로 인해 결국에는 더 높은 직위를 얻을 수 있었다. 그러나 마음의 소리를 따라 결정했던 일 중에 가장 굉장했던 일을 고른다면 40대 후반에 나의 사랑스러운 작은 딸아이를 입양하기로 결정한 일이다. 인생 후반기에 접어드는 내가 입양을 하겠다고 하자 많은 사람들이 반대했다. 남편은 나보다 나이가 더 많았고, 내 커리어에 있어서도 더 발전하기 위해 고군분투하고 있을 시기였다. 왜 입양이 합리적이지도 현명하지도 않은 일인지에 대한 많은 이성적인 이유들이 있었다. 한마디로 적절한 때가 아니었던 것이다. 나는 계속 일을 하고 있었고, 늦은 나이에 결혼해 엄마가 되고 싶다는 깊은 내면의 열망을 처음으로 느끼게 되기까지, 가족을 만드는 일은 나에게 절대 우선순위가 아니었던 것이다. 그것은 순전히 나의 마음을 따르는 결정이었다. 그리고 결국, 두려움, 많은 나이, 넉넉하지 않은 경제 상황에도 불구하고, 과테말라에서 우리의 소중한 아이를 입양해서 미국의 집으로 데려왔다. 그것은 내가 했던 가장 위대한 결정이었다. 많은 사람들은 내가 이 아이에게 준 것이 정말 굉장한 선물이라고 말하지만, 사실은 그 아이가 나에게 가장 커다란 선물이며, 선생님이며, 위대한 사랑이고, 가장 신실한 기도의 대상이다.

꽃

1993년 여름, 아무런 목적 없이 그냥 마음 가는 대로 콜로라도 산으로 여행을 가기로 결정했다. 차를 타고 여행하며 매일 아침 일어나 직감이 이끄는 대로 길을 따라가는 것이 나의 목표였다. 그러다가 뉴멕시코의 타오스에서 필립을 만났다. 그는 나의 즉흥적인 모험에 함께하기로 했다. 우리는 며칠 동안 하이킹을 하고, 리오그란데 옆에 있는 온천에서 목욕을 하고, 필립의 6살 아들 알렉스와 낚시도 했다. 그렇게 흐름을 따라갔다. 여행 후에 나는 다시 뉴욕으로 돌아왔지만, 6개월 후에 타오스로 이사해서 필립과 알렉스와 함께 가족을 이루었다. 이것은 완전히 미친 짓이라는 모든 논리적 이유에도 불구하고 나는 그렇게 했다. 28년이 지난 지금, 나는 여전히 결혼생활을 하고 있으며 알렉스와 다른 두 아이의 엄마로 살아가고 있다. 만약 내가 마음이 아닌 머리를 따랐다면, 결혼하고 엄마가 되는 일은 절대 일어나지 않았을 것이다.

나는 자주 마음이 이끄는 대로 살아왔다고 믿는다. 법조계를 떠나 나의 마음이 이끄는 대로 이스라엘의 재판에 관한 책을 쓰기로 결정했을 때도 그랬다. 그것이 나의 인생의 길을 열어주었다. 그렇게 나는 꾸준히 나만의 드럼 소리에 맞춰 춤을 추었다.

내가 이성적으로 행동했다면 경제적으로는 더 풍족한 생활을 했을 것이다. 하지만 마음을 따름으로써 훨씬 더 풍성한 삶을 살아가고 있다. 실제로 나의 삶은 놀랄 만큼 충만하고 흥미롭다. 내가 만나는 사람들, 내가 있는 곳, 내가 하는 경험들, 이 모든 것들은 나의 기대와 상상을 뛰어넘을 정도로 눈부시며 아름답다.

※

내가 남편을 만났을 때 우리 가족들은 지구 반대편에 살고 있었다. 논리적 관점에서 봤을 때 우리의 관계는 완전히 비현실적이었다. 그러나 나의 마음은 너무나 확고하게 그가 나의 삶의 반려자라고 말하고 있었다. 우리는 만난 지 2주 만에 결혼하기로 결정했으며, 4개월 동안의 형식적인 약혼 기간을 보내고 1년 후에 수천 명의 사람들 앞에서 일주일 동안 결혼식을 했다. 올해 우리 부부는 결혼 25주년을 기념할 것이다. 우리는 훌륭한 두 딸과 함께 사랑스런 가족을 이루고 있다.

꽃

나에게 사과와 용서는 늘 마음에 지니고 사는 삶의 교훈이다. 머리의 교훈이 아니라 마음의 교훈이다. 다른 사람을 기분 상하게 했거나 어떤 일을 엉망으로 만들었을 때, 머리로 생각하는 것을 멈추고 마음이 이끄는 용기를 동원하라. 진심 어린 사과를 하고, 변명하지 말고, 다시는 그와 같은 실수를 하지 않도록 노력하라. 반대로 용서할 의지도 있어야 한다. 그래야 살 수 있다. 원한에서 벗어나라. 원한은 가족을 파괴하고 관계를 망친다.

꽃

내가 18살이었을 때 잘생긴 20살 남자를 쫓아다녔다. 어느 날 우리 둘은 각자의 일행과 같은 식당에서 저녁을 먹었다. 나는 그 식당의 화장실에 들어가려던 그를 막아섰다. 우리는 서로 안면이 있었다. 사실, 나는 그의 형과 데이트한 적이 있었다. 나는 떨렸지만 그를 따라가서 말했다. "여자친구랑 헤어지면…" 그 당시 그에게는 여자친구가 있었다. "전화… 주세요." 그리고 나서 나는 급히 내 자리로 돌아왔다. 1년 반이 지난 후, 내 친구가 그 남자를 우연히 만나게 됐다. 그 친구는 내가 그를 어떻게 생각하고 있는지 알고 있었기 때문에 나에게 전화하라며 그를 부추겼다. 어쩌면 협박이었을지도 모르겠다. 그리고 그는 정말로 나에게 전화했다. 그 이후 거짓말 같은 37년이 지났고, 현재 우리에게는 3명의 아이들이 있다. 기쁨, 웃음, 눈물, 모험으로 채워진 40년이었다.

✑

나의 답은 너무 쉽다. 머리 말고 마음에 이끌려 어떤 것을 결정했던 기억이 없기 때문이다. 나는 내가 드라마 〈스타트렉〉의 캐릭터 '스팍' 같다고 생각하곤 했다. 철저하게 논리로 점철된 인물 말이다. 나에게는 아내와의 결혼이 유일하게 머리가 아닌 마음에 이끌려 선택했던 단 한 번의 순간이었다.

아내는 지적이었고 나와 모든 것이 잘 맞는 사람이었다. 그녀는 내적, 외적 아름다움의 소유자였으며, 친절하고, 활발하고, 타인에게 배려가 있는 사람이었다. 모두가 그녀를 사랑했다. 타인의 성격 분석에 있어 잔혹하기로 유명한 내 친구마저도 그녀를 만나고 난 뒤에, 만약 그녀와 결혼하지 않으면 멍청이라고 말할 정도였다.

　그녀와 결혼하지 말아야 할 이유는 없었다. 단 한 가지, 아내가 유대인이 아니라는 점을 제외하고는 말이다. 수년 동안 이 단 하나의 이유가 우리의 결혼을 막았다. 나의 부모님은 홀로코스트 생존자였으며 나는 유대인이라는 무게를 견디고 있었다. 부모님을 실망시킬 수 없었다. 나의 사람들을 실망시켜서는 안 된다. 나 자신을 실망시킬 수 없다.' 이것이 내가 가진 무게였다. 그러나 마음속 깊은 곳에서, 나는 그녀가 가장 중요한 유대인의 기질을 가지고 있다는 것을 알고 있었다. 위대한 가치관 말이다. 솔직히 말하면, 그녀는 나보다도 더 완벽한 유대인이라 할 수 있다.

　나는 결국 마음이 이끄는 대로 선택했으며 이는 부정할 수 없이 내 인생 최고의 선택이 되었다.

❧

나는 셋째 아이를 갖고 싶지 않았다. 3형제로 자란 남편은 나에게 계속해서 셋째 아이를 갖자고 졸랐다. 하지만 나는 수면 부족에 시달리게 되고 일거리가 늘어나고 나의 시간이 부족해지는 것이 두려웠다. 그래서 8년 동안 남편의 부탁을 거절했다. 두 아이로도 충분했으니까. 그러던 어느 날, 아이들을 학교에서 데

리고 오는 길이었다. (그 당시에 큰 아이는 11살, 작은 아이는 8살이었
다.) 아이들은 그날 학교에서 배운 것에 대해 끊임없이 재잘거리
고 있었다. 나는 그런 아이들의 작은 얼굴과 꼬질꼬질해진 손을
바라보았다. 그때 나의 마음이 사랑으로 가득 차는 것을 느꼈다.
나는 부모가 되는 것의 어려움만을 생각하고 기쁨에 대해서는
잊고 있었던 것이다. 다시 말하면, 나는 너무 논리적이었고 충분
히 감성적이지 못했다. 집에 돌아가서 남편에게 말했다. "셋째
시도해보자." 그리고 운이 좋았다.

〰️

대학 졸업 후 대학시절 남자친구를 따라서 로스앤젤레스로 갔
다. 정해진 일자리도 집도 없었다. 부모님은 무척 걱정하셨고 당
신들의 걱정을 적극적으로 표현하셨다. 그러나 나는 사랑에 빠
져 있었고, 그와의 관계만 생각하고 있었다. 솔직히 말하면, 남
자친구는 그 당시 나만큼 우리 관계에 확신을 갖고 있지는 않았
다는 것을 알고 있었다. 하지만 나는 무시했고 내가 충분히 확신
을 가지고 있으면 된 거라고 생각했다. 지나고 나서 생각해보니,
그것은 분명 큰 모험이었다. 우리는 너무 어렸다. 그는 로스앤
젤레스에서 로스쿨에 다니기 시작했고, 그의 모든 가족과도 함

께 생활해야 했지만, 나는 모든 것을 걸고 그를 선택했다. 올해

는 우리의 결혼 24주년이 되는 해이다. 나는 일반적으로 마음과

머리를 조화롭게 사용하는 것이 정말 중요하다고 믿지만, 위험

을 제대로 인지하고, 필요할 때 곧바로 방향을 틀 수 있을 정도

로 민첩할 수 있다면, 때때로 마음을 따라가는 것은 충분히 해볼

만한 일이며, 큰 결실을 맺을 수 있다고 생각한다.

～

대부분은 나의 회복과 관련된 부분에서 마음이 이끄는 대로 갔

다. 사실을 말하지면, 원래부터 그랬다. 내 마음에 이끌려 간 곳

에서 나는 기쁨, 경이로움, 진리, 친절, 연민, 정의를 찾을 수 있

었다. 그리고 내가 어떤 옳은 일을 해야 하는지 알 수 있었다. 내

가 희망하는 것을 얻게 되는 것과는 별개로, 나는 삶을 사랑하고

삶은 나를 사랑했다. 나는 마음이 이끄는 대로 살아감으로써 인

생에서 명료함을 얻을 수 있었다. 또한 인정받을 수 있었으며,

내가 믿는 원칙대로 살아갈 수 있었다.

～

피츠버그 유대교 회당에서 일어난 총기 난사 사건의 희생자를

애도하기 위해 다른 종교의 사람들과 함께 연방 정부 청사의 끝없는 군중들 앞에 서 있었던 순간을 기억한다. 무슬림 난민을 미국으로 데려오는 문제로 인해 유대인에게 화가 난 가해자가 총기 난사 사건을 일으킨 것이다. 수년 전 나의 종교와 관련하여 그와 같은 위협이 있었을 때, 친구들은 나를 위해 회교 사원으로 와주었다. 그때 함께해주었던 그 친구들을 위해 나도 그 자리에 함께할 필요가 있다고 생각했다. 그런데 이런 나의 행동은 우리 종단(종교 단체)의 결정에 반하는 일이었다. 그 사건에 대해 어떤 언급도 하지 않는다는 것이 종단의 결정이었기 때문이다. 하지만 나는 단호하게 밀고 나갔다. 그 자리에서 그들과 함께해야 한다고 생각했기 때문이다. 그것은 내가 존중하는 많은 사람들이 우리의 실익을 고려해 결정한 일을 거스른다는 뜻이기도 했다. 하지만 내 마음이 그렇게 하라고 말하고 있었다. 그래서 나는 우리 종단에 나의 결정을 알리고 양해를 구했다. 과거의 경험에 비추어볼 때 큰 기대는 하지 않았었는데 어쩐 일인지 이번에는 그들도 이해해주었다.

그날 나의 마음이 길을 인도했다. 연방 정부 청사에서 다른 사람들과 함께 고통과 비통함을 절감했던 그 순간을 잊지 못한다. 그때 이후로 나는 항상 나의 마음과 상의한다. 그때 그 일을 겪기 전에는, 삶의 방향을 찾을 때 머리에 의지하고 마음의 소리는 외면했었다. 마음이 이끄는 대로 가는 것은 위험이 따르니까. 그러나 지금의 나는 이제 그렇게 사는 방식 외에 다른 방식을 알지 못한다.

❦

나는 20살 된 우리 고양이가 죽은 지 열흘 만에, 제정신이 아닌 상태에서 다른 고양이를 입양하겠다고 고집했다. 그 고양이는 동물보호센터 안락사 명단에 있던 아이였다. 적어도 두 번은 유기된 경험이 있었다. 또한 기저 질환을 가지고 있어서 누군가 입양을 결정하기도 쉽지 않은 상황이었다. 심지어 그 고양이는 '사나운'이라는 이름표도 달고 있었다. 수의사는 우리의 입양 결정에 매우 회의적이었다. 그러나 나는 그 고양이의 사진을 보았고 우리의 반려묘라고 생각했다.

그 아이는 내가 전에 알았던 어떤 동물보다 사랑스러웠으며 애정이 많았다. 우리 집으로 들어와 다른 방을 둘러보지도 않고 우리 곁에만 머물러 있었던 그날부터, 그 아이는 우리에게 삶의 평화였으며, 우리를 자주 움직이게 해주는 좋은 운동 친구이기도 했고(우리는 고양이에게 특별한 사료와 약을 사다주기 위해 자주 움직여야 했다), 영락없는 사랑의 동반자이기도 했다. 9년 후 전혀 예상치 못한 일로 우리의 반려묘가 죽었을 때 우리는 절망했다. 하지만 우리는 이미 많은 것을 받았음을 알고 있었다.

꩜

에디의 삶의 끝에서, 나는 그를 위해 마음과 연민이 이끄는 대로 행동했다. 나는 우리 아이들의 아빠, 내 남편을 잃고 싶지 않았다. 하지만 이제는 고통 속에 있는 그를 편안하게 보내줘야 할 시간이었다. 그가 여기 없다는 사실로 인해 나의 삶은 완전히 달라졌다. 평생 그를 보살펴야 할지라도 나의 곁에 있어주기를 얼마나 간절히 바랐는지 그의 부재를 통해 깨달았다. 나는 사람들에게 사랑하는 이를 자주 안아주라고 말한다. 사랑하는 이가 삶의 끝에 있다면, 항상 손을 잡아주고 입맞추라고 말한다. 그가 떠나면 그 모든 것들이 그리워지기 때문이다.

어린아이들과 청소년들이 어리석은 일을 하는 이유는 그들의 뇌가 아직 완전히 발달되지 않았기 때문이라고, 한 정신과 의사가 나에게 말한 적이 있다. 아이들은 뇌 안에 어떤 선택의 잠재적 결과를 고려하기 위해 필요한 부분이 아직 완전히 발달하지 않아서,

대개 당장의 보상만을 생각한다는 것이다. 완전히 발달해 성인이 되면, 우리는 거의 모든 일의 결정에 있어 잠재적 위험을 고려한다. 우리는 자라면서 위험을 더욱 회피하려 하고 즉흥적인 결정은 자제한다. 하지만 아이러니하게도 대개 우리에게 큰 의미가 있는 것들은 마음에 이끌려 선택한 사람이거나, 마음에 이끌려 결정한 일이다.

물론 그러한 선택이 항상 좋은 결과를 내는 것도 아니고, 그렇게 하는 것이 항상 옳은 삶의 방식도 아니다. 때때로 전국을 가로질러 찾아가 결혼하려 했던 남자가 최악의 남자로 밝혀지기도 하고, 때때로 돈은 적지만 다른 보상이 있을 것으로 생각했던 꿈의 직업이 악몽이 되기도 한다. 도박을 하면, 돈을 잃는 법이다.

예전에 나와 아내는 마음에 드는 집이 생겨서 그 집을 살까 말까 고민했던 적이 있다. 사고 싶었지만 여유가 되지 않아서 조언을 구하고자 아버지에게 전화를 드렸다. 우선 집은 완벽하며, 투자 가치도 있다고 말씀드렸다. 그러고 나서 비록 우리 부부가 그 집을 살 여유는 없지만, 주변의 모든 사람들이 우리가 예산을 최대한 당겨 숨이 찰 정도까지 무리해서라도 그 집을 사야 한다고 말했다고 아버지께 말씀드렸다. 그 말에 아버지가 대답하셨다. "스티브, 약간 숨이 차는 거랑 폐암은 다른 거다. 이성적으로 생각해. 그 집 사지마."

그리고 아버지가 옳았다. 마음을 따라가는 것이 항상 좋은 방향으로 흘러가는 것은 아니다. 우리가 바라는 방식으로 흘러가지 않을 수 있다. 좋은 방향으로 흘러간다 하더라도 관습적이고 안전을 추구하는 사회 속에서 성장하고 교육받아온 우리가 기존의 선택 방식을 버리는 것이 쉬운 일은 아니다. 그래도 긍정적인 것은, 마음의 소리를 듣는 일에 있어 너무 늦은 때란 없다는 것이다. 단한 번이라도 아름다운 방향으로 삶을 변화시킬 수 있다. 전국을 가로질러 남자친구를 따라갔던 현명한 누군가가 말했던 것처럼, '위험을 제대로 인지하고, 필요할 때 방향을 틀 수 있을 정도로 충분히 민첩할 수 있다면' 잠재적 위험에 대해 두려워할 필요가 없다. 마음을 따르는 선택으로 원하는 바를 이룬 적이 있다면, 사랑하는 사람에게 그 이야기를 들려주어라. 그들 역시 자신의 마음에 따른 선택을 해야 할 때에 영감을 줄 것이다.

그들에게 모든 것을 망칠 수 있는 '한 마리의 고양이'에 대해서도 걱정하지 말라고 말하라. 적어도 항상 그런 일이 일어나는 것은 아니니까.

-

머리보다 마음에 이끌렸던 순간은 언제인가?
그 순간은 당신의 삶을 어떻게 변화시켰나?

# 3장

# 무엇이 당신을
# 행복하게 하는가

행복은 목표가 아니다.
잘 사는 삶의 부산물이다.

**엘리너 루즈벨트**Eleanor Roosevelt

나는 다 큰 성인이 기뻐서 펄쩍펄쩍 뛰는 모습을 본 적이 있다. 그의 아들 집에서 열린 작은 연휴 파티에서 일어난 일이다. 나는 명목상 손님으로 거기에 있었지만 실상은 아니었다. 초대받은 사람들이 모두 도착하자 그 남자의 아들은 모두에게 말했다. "오늘 저희가 여러분을 초대한 이유가 약혼 발표 때문이라고 생각하고 계실 거예요." 그는 2년 동안 사귀고 있는 자신의 여자친구를 바라보며 말했다. "하지만 여러분이 틀리셨습니다. 저희는 오늘 약혼 안 합니다." 그리고 웅성거리던 좌중이 조용해질 때까지 기다렸다가, 나무랄 데 없는 타이밍에 소리쳤다. "저희는 결혼할 거예요. 여기 랍비도 계십니다!" 그러고는 나를 가리켰다. 그때 나는 그의 아버지가 펄쩍펄쩍 뛰고 또 뛰는 모습을 보았다. 손뼉을 치면서 기쁨으로 빨개진 얼굴로 "만세!"를 외치기도 했다. 신랑은 복도에 있는 장을 열어 결혼식을 위한 장식천과 그의 아버지와 친구들이 입을 턱시도를 꺼냈다. 모든 바지가 너무 길어서 서재에 있는 스테이플러를 가져와 바지를 적당한 길이로 접어서 찍었다. 그러고 나서 우리는 결혼식을 치렀다. 한마디로 결혼식은 완벽했다.

나는 그 남자의 삶에서 그 숭고한 순간의 순수한 활기와 초월감을 목격했고 절대 잊지 못할 것이다. 누군가에게 받은 복권이 당첨되는 놀라운 행운처럼, 우리가 통제하지 못하는 외부적 요소로 야기되는 단편적 사건, 혹은 순간적으로 일어나는 어떤 일을 우리는 행복이라고 생각하는 경향이 있다. 그러나 대부분의 경우에 진정한 행복은 과정이 필요하다. 행복은 수 주일, 수개월, 심지어 수십 년 의식하고 살아온 날들 속에서 축적된 감정이다. 다시 말하면, 갑작스럽고 순간적인 기쁨과는 대조적으로, 행복은 천천히 자라는 나무의 열매이다. 그 남자는 행복으로 펄쩍펄쩍 뛰었다. 왜냐하면 그 순간이 단순한 한순간이 아니었기 때문이다. 수십 년간의 양육의 과정에서 느꼈던 헌신, 불안, 좌절, 웃음, 사랑의 결과이며, 수십 년간 구축된 아버지와 아들의 특별한 유대감이자, 자식의 행복에 대한 공감의 전율이다.

갑작스러워 보이는 기쁨의 순간도 알고 보면 세심한 계획과 배려심 있는 생활의 결과이다. 결혼식에서 배우자로서의 첫 키스, 눈물, 밤새 즐겁게 추던 춤, 이 모든 것들은 수개월간의 노력의 결과이며, 웨딩 컨설팅업체, 연회업체, 플로리스트, 연주자들과 그 밖의 많은 사람들과 함께 고민한 결과이다. 또한 그 이전부터 수개월, 수년 동안 서로를 사랑해온 결과이다. 그 기쁨의 순간들은 시간이 지나면서 키워지고 가꿔지며 양분을 얻는다. 기쁨은 세심하고 의식적인 삶에서 비롯된다. 누군가가 이러한 사실을 두 문장으로 너무 완벽하게 표현했다. "나는 기뻐서 노래 부르는 것이 아니다. 노래하기 때문에 기쁜 것이다."

그러나 행복의 감정을 이끌어내기 위해서는 오랜 시간에 걸친 지속적 노력보다 더 많은 것이 필요하다. 행복은 우리가 타인을 기쁘게 만들고 그 기쁨을 함께 나누는 것처럼, 우리를 행복하게 만들고 그 기쁨을 함께 나누는 타인에 의해 결정된다.

행복에 관한 질문에 대답한 대부분의 사람들이, 진정한 행복은 공동체적 나눔과 관련되어 있다고 말한다. 삶에서 가장 환희에

찬 노래는 혼자 부를 수 없다. 서로 나누었던 경험이 아니라면 그것은 만족감, 일시적 기쁨, 아마도 쾌락과 같은 감정이지 진정한 행복은 아닐 것이다. 추수감사절, 크리스마스, 안식일, 생일, 기념일, 세례식, 졸업식, 휴가, 이 모든 것들은 혼자나 고독과 같은 개념과는 아무 관련이 없다. 우리 모두는 가끔 고독을 갈망하고 그것이 가져오는 편안함과 내면의 평화를 원한다. 그러나 행복은 우리가 타인과 함께 인생의 의미가 되는 사랑과 신뢰의 긴 여정을 거쳐서 마침내 목적지에 도달했을 때, 그것을 기념하면서 느끼는 가슴 벅찬 전율이다.

바이올린 연주자인 아이작 스턴$^{Isaac\ Stern}$에 관한 유명한 일화가 있다. 어느 날 저녁 콘서트가 끝난 후, 한 팬이 그에게 다가왔다. "스턴 씨" 그 여성은 말을 쏟아내기 시작했다. "스턴 씨처럼 바이올린을 아름답게 연주할 수만 있다면 전 뭐라도 줄 수 있을 것 같아요."

그 말에 스턴은 대답했다. "매일 당신의 10시간을 주실 수 있나요?"

이제부터 읽게 될 '당신을 행복하게 하는 것은 무엇인가?'라는 질문에 대한 현자들의 이야기와 대답은, 우리에게 가장 가까운 이들에게 시간과 사랑을 투자할 수 있는 지혜를 전해줄 것이다. 그리고 의미 있는 기쁨을 찾고 있는 우리에게 말해줄 것이다. 오직 타인과 함께 나누는 시간과 사랑만이 단 한 번의 강력하고 초월적 이며 순수한 행복으로 펄쩍펄쩍 뛰던 그런 순간을 만들어낼 수 있 다고. 그것은 바로 그러한 행동은, 우리가 노력해서 그 순간을 쟁 취했다는 것을 인식함으로써 나오는 것이기 때문이다.

～

나는 산타바바라 여행을 좋아한다. 아로요 버로 비치Arroyo Burro Beach 백사장 위에서 나의 반려견들이 자유롭게 뛰어놀 수 있기 때문이다. 반려견들이 만면에 웃음을 가득 담고 즐거운 기분을 완연히 드러내며 파도 속을 멋대로 뛰어다니는 모습은, 나에게 어디에서도 찾을 수 없는 내면의 기쁨을 안겨준다. 딸도 자신의 반려 토끼를 데려와 줄을 매고 함께 모래사장을 걷게 한다. 그런 우리의 모습을 간혹 이상하게 쳐다보고 놀라움을 표현하는 사 람들도 있지만, 자연에서 반려동물들과 함께 모험을 즐기는 일 은, 우리에게는 순수한 천국의 모습과 같다.

～

나를 행복하게 하는 것은 대부분 사물이 아니라 경험이다. 심지어 나를 행복하게 하는 것이 사물이라고 생각했던 때조차도. 내 안의 기쁨의 꾸러미가 열리는 순간은 항상 사물을 사용하고 있던 그 시간, 그것을 누군가와 나눌 때, 그리고 내 안에서 촉발되는 감정을 느끼는 순간이었다. 그러니 무엇이든 손에 잡히는 것에는 그리 집착할 필요 없다.

〰

나를 가장 행복하게 하는 것은 가족이나 친구들과 보내는 시간이다. 그리고 내가 가장 좋아하는 의자에서의 명상, 오후에 마시는 한 잔의 차, 남편과 함께하는 집 주변 산책과 같은 작은 일상의 습관들이 나를 행복하게 한다.

〰

나는 다른 사람을 사랑하고 그들을 위해 봉사할 때 가장 큰 행복을 느낀다. 나이가 들어갈수록, 마음에서 우러나오는 것이 다른 사람의 마음에도 더욱 크게 가닿는다는 것을 체감하고 있다.

〰

진정한 기쁨과 행복은 다른 사람들을 위로하고 돌봐주거나 삶을 지속하도록 도와줄 때 느낄 수 있는 감정이다. 또한 사랑할 때 갖게 되는 감정이기도 하다.

∞

내가 삶에서 여태껏 경험한 가장 완벽했던 행복의 순간은, 아내와 내가 코로나 바이러스 감염으로 각각 격리되어 병원에서 3주를 보내고 퇴원한 후 마침내 다시 만나서 서로를 끌어안았던 때다. 만족감도, 자부심도, 경외감도 아니었다. 정말 순수한, 예측하지 못한 행복, 그것이었다. 우리가 서로를 끌어안았을 때, 우주에 다른 누구도, 어떤 것도 존재하지 않았다. 사랑일까? 물론이다! 예측하지 못한 삶의 선물이며 내 삶의 중심이 되는 유일한 그 사람과 함께 나누는 그것.

교훈은? 진실로 중요하게 여기는 것을 위해 열심히 노력하라. 중요하지 않은 사람들로 속 태우지 마라. 가능한 한 주의 깊게, 사랑하는 운명의 그 사람을 선택하라.

∞

나의 가장 행복했던 순간, 가장 좋았던 기억은 모두 가족이나 친구들과 함께한 시간이다. 어린 시절 부모님과 함께했던 멋진 가족 여행의 즐거웠던 순간들을 추억하는 것이 좋다. 결혼식도 좋았다. 세상에서 가장 사랑하는 남자와 함께 있었고 나를 무척 사랑하는 수많은 사람들에게 둘러싸여 있었기 때문이다. 그러고 나서 남편과의 여행이 있었고 우리 아이들과의 여행도 있었다. 나는 이 여행의 순간들을 정말 즐겁게 회상한다. 내 친구 15명과 함께 갔던 나의 50번째 생일 기념 여행이 최고 중의 최고였다. 이 여행의 기억은 나이가 들어갈수록 더욱 뚜렷하게 생각난다.

꽃

친구를 가져라. 새로운 친구를 사귀어라. 친구들에게 전화하고 안부를 전하며 지내라.

꽃

나에게 가장 중요한 것은 가장 전통적인 일들이다. 가정을 꾸리는 일, 아이를 갖는 일, 친구, 가족과 오후 시간을 보내는 일처럼, 관계를 맺고 이어가는 하루하루의 활동들 말이다.

꽃

나를 행복하게 하는 것들은 거의 돈으로 살 수 없는 것들이다.

나는 종양 전문의로서 누군가의 삶에 변화를 가져왔을 때(그들의 생명을 구하고, 치료하고, 통증을 완화해주는 일처럼) 행복을 느낀다. 그래서 가끔 아내와 이러한 일들에 대해 이야기를 나눈다.

유머가 나를 행복하게 한다. 유머는 인간애에서 비롯되는 것이니까. 모든 사람을 사랑하는 법을 배워라. 모든 것에 유머를 담는 방법을 배워라(모든 사람을, 특히 당신 자신을).

나를 행복하게 하는 것은 내가 좋아하고 존경하는 파트너들과 함께 일하는 것이다. 나를 행복하게 하는 것은 나의 가장 친한 친구들과 스포츠 경기를 보러 가서 식사하고 함께 산책하는 것이다. 나를 행복하게 하는 것은 나의 친구, 가족과 함께 유월절, 추수감사절을 보내고, 특별한 행사를 함께하는 것이다. 나를 행복하게 하는 것은 함께하는 시간이 즐거운 사람들과 슈퍼볼(매년 미국 프로 미식축구의 우승팀을 결정하는 경기-옮긴이)을 보는 것이다. 나를 행복하게 하는 것은 비슷한 목표와 신념을 가진 사람들

**95**

과 변화를 이끄는 일이다.

❦

행복은 항상 가장 단순한 것에서 온다. 적절한 때의 누군가의 친절한 말 한마디, 숲 속 산책, 어떤 것에 대해 노력하고 결실을 맺는 일과 같은. 기본적으로 이러한 일에서 얻는 교훈은, 현재에 집중하고 단순해지라는 것이다. 세상은 아름답다. 세상의 아름다움에 관심을 가져라.

❦

가족이나 좋은 친구들과 함께 시간을 보내는 것은 항상 나를 행복하게 하고, 삶을 살아가면서 관계를 맺고 그들을 귀중히 여겨야 한다는 사실을 상기시켜준다.

❦

당신을 행복하게 하는 것을 알아차리는 일은 생각보다 어려울 것이다. 알게 되었다면 삶에서 행복을 위한 그 시간을 확보하기 위해 노력해야 한다. "인생은 짧다"라는 말은 상투적으로 들리지만 정말로 그렇다. 나의 인생을 햄버거의 요리 과정으로 비유하자면, 58세인 나는 지금, 패티 한 면이 다 익어 다른 면으로 막 뒤집은 정도의 시간을 보낸 상태이다. 한 면이 다 익은 햄버거 패티를 다른 면으로 뒤집었을 때 훨씬 빠르게 익는다는 것은 모두가 알고 있다. 행복을 미루지 말라.

✼

매일 하는 일이 무엇이든, 그 일을 더 의미 있게 만들고 스스로를 더 행복하게 하기 위해 그것들을 어떻게 바꿀 수 있는지 생각해보라. 마음 먹고 떠나는 휴가나 분수령이 되는 어떤 이벤트에 기대지 마라. 당신의 삶은 소소한 순간들로 이루어져 있다. 그 소소한 순간들은 다른 어떤 이벤트들보다 훨씬 중요한 시간이 될 것이다.

✼

나는 나 자신을 덜 의식할 때 가장 행복하다. 어떤 다른 동기도 없이 오직 기쁨에만 이끌려, 다른 사람과 마음과 마음, 영혼과 영혼으로 연결될 때 가장 행복하다.

행복에 대한 오래된 중국 속담이 있다. 나는 항상 이것을 마음에 새기려 노력한다. '한 시간 동안 행복하고 싶다면 낮잠을 자라. 하루 동안 행복하고 싶다면 낚시를 하라. 한 달 동안 행복하고 싶다면 결혼하라. 일 년 동안 행복하고 싶다면 유산을 받으라. 평생 행복하고 싶다면 다른 누군가를 도와라.'

우리는 행복을 찾기 위해 때로는 사랑에 기인한 희생을 하고, 삶을 함께할 상대를 찾아야 한다. 행복은 실로 함께하는 것에서 온다. 우리를 행복하게 하는 것은 우리가 가진 어떤 것이 아닌, 우리가 함께하는 어떤 사람이다. 그래서 행복은 늘 우리가 사랑하는 이들과 보내는 가장 평범한 순간 속에 있다. 사랑하는 사람들로 인해 마음이 행복으로 가득 찼던 크고 작은 순간들에 대해 그들에게 말하라. 당신의 경험을 통해 그들 역시 자신의 행복을 찾을 수 있을 것이다.

-

당신을 행복하게 하는 것은 무엇인가?
그것에 관해, 사랑하는 이에게
전하고 싶은 메시지는 무엇인가?

_____

_____

_____

_____

_____

_____

_____

_____

_____

_____

_____

## 4장

# 뼈저린 실패의 경험을 말하였는가

쿵 소리에 나는 핑크빛 구름에서 떨어졌다.

엘리자베스 테일러Elizabeth Taylor

*이혼 소송 재판이 완료된 후, 테일러가 기자들에게 한 말이다. 핑크빛 구름은 자신의 로맨스를, 쿵 소리는 판사가 판결할 때 사용하는 망치 소리를 뜻한다-옮긴이

나는 엄마가 해주시던 가지 요리와 똑같은 맛을 내는 데 어려움을 겪고 있었다. 유명한 식당 나파밸리Napa Valley의 쉐프인 마이클 치아렐로Michael Chiarello에게 이 문제에 대해 물어보기까지 했다. (그에겐 너무 사소한 질문으로 느껴졌을지도 모른다.) 나는 어린 시절부터 엄마의 루마니아 스타일 가지 요리를 좋아했다. 특히 위에 소금이 약간 뿌려져 있는 호밀빵 조각에 그 요리를 두껍게 펴 발라 먹는 게 좋았다. 몇 년 전, 엄마는 당신이 사용하던 오래된 나무 보울과 몇 가지 조리 도구를 나에게 주셨다.

그러면서 가지 요리의 간단한 조리법과 지시 사항을 말씀해주셨다. "큰 가지 두 개를 포크로 찔러서 부드러워질 때까지 전자레인지에 돌려, 그런 다음에 나무 보울에 담아서 덩어리가 없어질 때까지 손으로 으깨고 거기에 잘게 썬 양파랑, 마늘 가루, 옥수수기름을 넣고 섞으면 돼. 간은 소금으로 맞추면 되고."

어렸을 때, 탁 탁 탁 탁 엄마의 칼질 소리에서 나오는 스타카토를 좋아했다. 그 소리가 집 안 가득 울리면 점심 메뉴로 가지 요리가 나온다는 의미였다. 아이 때도, 성인이 되어서도 나는 수년 동안 엄마가 이 음식을 만드는 모습을 수없이 보았다. 성인이 되어서는 나이 들어가는 엄마가 음식을 할 수 있는 날이 얼마 남지 않았다는 것을 문득 인지했고, 만드는 방법을 배워야겠다고 생각했다. 수없이 많은 날, 엄마가 그 음식을 만드는 것을 지켜보았음에도 내가 만든 가지 요리는 엄마가 만든 것과 절대 같은 맛이 나지 않았다. 이 상황을 치아렐로에게 설명했을 때, 그는 이렇게 말했다. "어머니가 요리하는 걸 보기만 한 게 잘못이죠, 스티브. 당신이 만드는 걸 어머니가 보셨어야죠. 다른 누군가가 성공하는 것을 본다고 해서 거기에서 배울 수 있는 건 없어요. 당신이 실패하는 것을 지켜봐 주는 좋은 선생님에게서 배울 수 있는 거예요."

성공하기 전 실패를 겪은 유명한 사람들의 이야기는 많다. 미

101

국 배우 프레드 아스테어Fred Astaire는 MGM 영화사에서 첫 번째 스크린 오디션을 본 후, 캐스팅 부서로부터 다음과 같은 메모를 받았다. '연기 안 됨. 약간 대머리. 춤은 약간 가능함.' 아스테어는 그 메모를 액자에 끼워 벽난로 위 벽에 걸어놓았다. 윈스턴 처칠Winston Churchilld은 6학년 때 낙제했다. 그는 평생 동안 수없이 정치적 좌절을 겪은 후 62세가 되어서야 영국 총리가 되었다. 오프라 윈프리Oprah Winfrey는 초창기에 볼티모어에 있는 한 지역 방송국에서 공동 진행자로 일하던 중에 다른 자리로 강등되었다. 그녀는 그곳에서 작가이자 리포터로서 사람 사는 이야기에 대한 자신의 열정을 발견하게 되었다. 토마스 에디슨Thomas Edison은 초등학교 선생님으로부터 '늦된 아이'라는 평을 받았다. 그러나 계속 노력하여 2천 번의 시도 끝에 전구를 발명했다. 미국 배우 루실 볼Lucille Ball은 시트콤 〈왈가닥 루시(I Love Lucy)〉에 출연하기 전에 실패한 영화배우로 평가받았다. 베이브 루스Babe Ruth는 홈런왕인 동시에 삼진아웃 최다 기록 보유자이다. 마이클 조던Michael Jordan은 고등학교 시절, 학교 농구 대표팀에 들어가지 못했다. 아마도 이 전설들은 모두 동의할 것이다. 먼저 실패에서 배우지 않으면 정말로 성공할 수 없다는 것을 말이다.

나는 실패를 찬양하는 사람은 아니다. 이 질문에 대답한 사람들 역시 그럴 것이다. 나는 가혹하고 엄격했던 어린 시절 때문에 종종 나 자신과 타인을 대할 때 상처 주는 방식을 택하곤 했다. 나는 스스로의 이런 태도를 인식하고 바꾸기 위해, 조금 더 빨리 심리 전문가의 도움을 받지 않은 것에 대해 수년 동안 후회했다. 내가 나의 분야에서 성공할 수 있었던 이유는 종종 나 자신의 불안감 때문이었으며, 그 불안을 직면하기보다는 잠식시키기 위해서였다는 사실을 더 일찍 알아차리지 못한 것이 안타깝다. 불안을 가두기 위해 일중독에 빠져, 나의 아내와 아이들을 실망시키고 있었다는 사실을 깨닫는 데 너무 오랜 시간이 걸렸다. 그리 오래되지 않은 언젠가 있었던 일이다. 저녁 식탁에서 벳시와 나는 혼자서 아이를 키우고 있는 한 친구에 대해 이야기하고 있었다. 벳시는 무미건조하게 말했다. "나도 한 부모 가정의 엄마와 다르지 않았어." 그 말에 얼마나 마음이 아팠는지 모른다. 의심할 여지없이 벳시에게도 그랬으리라. 실패는 아프다. 그것은 우리를, 그리고 종종 우리가 사랑하는 이들을 날카롭게 찌른다. 실패는 당혹스럽고 심지어 가끔은 수치스럽기까지 하다. 극복하는 데 수년이 걸릴 수 있고, 잊는 것도 불가능하다. 그러나 실패는 위대한 스승으로서 겸손을 받아들이고 오만함은 밀어내도록 해준다. 또한 고통스럽지만 다행스럽게도 (조금은 강제적으로) 우리 자신의 부족함, 그것의 뿌리와 가시를 냉정하고 엄격한 시선으로 볼 수 있도록 해준다.

누군가 '도덕적인 실패' 후 도움을 구하기 위해 나를 찾아올 때마다 나는 조언을 하기 전에 내 인생에서도 이와 같은 실패가 있었는지 먼저 나 자신에게 질문해본다. 나에게 그런 비슷한 실패의 경험이 없다면, 내 앞에 있는 사람의 고통을 덜어주거나 그들을 더 나은 방향으로 안내할 어떤 능력을 내가 가지고 있는지 확신하기가 어렵다. 나 자신의 실패에 정직해지는 것은 나를 더 겸손하고, 더 공감 능력 있고, 남에게 덜 비판적인, 더 나은 사람으로 만들어주는 일이라 확신한다. 스스로 실패를 인정하고 정직해지는 일 중 어느 것 하나 쉽지는 않지만, 우리는 그 같은 과정을 통해 타인의 실패에 더 너그러워질 수 있다. 나는 죄를 짓고 그 고통을 이용해 삶을 변화시킨 사람들을 용서했다는 이유로 심하게 비판받은 적이 있다. 나는 그런 가혹한 비판을 기꺼이 받아들인다. 나 자신의 실패, 나의 신념, 나의 역할을 고려할 때, 용서하는 것 외에 다른 방법은 없기 때문이다.

사랑하는 사람들에게 실패의 경험을 정직하게 털어놓음으로써 얻을 수 있는 최고의 효과 중 하나는, 그들이 같은 실수를 하지 않도록 막을 수 있다는 것, 그리고 적어도 그들이 자신의 실수를 주저하지 않고 직면하며 그것으로부터 배우도록 독려할 수 있다는 것이다. 우리가 직접 겪은 이러한 진리를 통해 사랑하는 이들은 이것을 몰랐을 때 감내해야 하는 고통, 그리고 타인에게 줄 수 있는 고통을 줄일 수 있다. 나는 치아렐로가 옳았다고 생각한다. 우리가 타인의 성공을 모방함으로써 배우는 것은 그리 많지 않다. 우리 자신의 실패를 이해함으로써 배우는 것이 훨씬 많다.

이번 질문에 대답한 사람들은 용기와 관대함을 가지고 자신들의 실패를 정직하게 밝혔다. 그들이 말해준 실패의 이야기를 전하게 되어 영광이다. 뒤늦은 깨달음 덕분에 그들은 과거 자신의 실수를 돌아보고 삶의 가장 중요한 몇 가지 진리를 배우면서 스스로의 스승이 될 수 있었다. 당신이 실패를 통해 어렵게 깨달은 진리가 스스로에게 동기가 되어, 사랑하는 이에게 당신의 실패에 대해 솔직하게 말할 수 있게 되기를 바란다.

❦

10대의 대부분을 거쳐 20대까지, 술과 약물이 내 삶의 중심에 있었다. 나는 거짓말을 했고 약속을 어겼다. 나는 셀 수 없을 정도로 많이, 토할 때까지 술을 마셨다. 내가 누구와 가까웠는지, 어떻게 그들과 친해졌는지에 대한 자각도 없었다. 지금 나를 아는 대부분의 사람들은 내가 술을 마시지 않는다고 알고 있다. 지금 나와 친한 사람들 대부분은 그때의 나를 모른다. 그래서 내가 얼마나 자주, 얼마나 꼴불견으로 내 자신을 비롯한 많은 사람들을 실망시켰었는지 믿기 힘들 것이다. 그러나 모든 실수, 그 모든 수치스러웠던 일들, 내가 했고 나에게 행해진 모든 일들이 없었다면, 지금의 나는 없었을 것이다. 이것은 거부할 수 없는 사실이다. 진심으로 내가 완전한 절망을 보았다는 사실에 감사하고, 나의 저 깊은 내면에 부끄러움이 무엇인지를 아는 내가 있음에 감사한다. 왜냐하면 그것을 알게 됨으로써 내가 나에 대해 깊이 이해하고 연민을 가질 수 있었기 때문이다. 이러한 자신에 대한 이해와 연민은, 때때로 내가 나 스스로를 외면해버리는 최악의 성향을 막아주는 방어벽이 돼주기도 한다. 나는 '일을 망친다'는 말이 무엇을 의미하는지 잘 알고 있다. 나는 잘못을 고치고 자기혐오에서 벗어나는 길을 찾는 축복을 받았다. 그래서 나의 가장 위대한 실패는, 최고의 나를 만드는 하나의 디딤돌이 되었다.

〰️

나는 일자리를 두 번 잃어봤다. 심지어 불경기가 그 이유라고 확실히 말할 수 있을 때조차도, 일자리를 잃는다는 것은 생계 수

단은 물론, 나 자신의 정체성까지 잃는 기분이 들게 했다. 너무나 굴욕적이었다. 첫 번째 직장을 잃었을 때, 나의 경력은 여기서 끝났다고 생각했다. 두 번째 직장을 잃었을 때 생각했다. '잠깐만! 나 이거 전에 한 번 겪어봤잖아.' 나는 겁에 질리는 대신에 겸손하게 다시 한 걸음씩 천천히 앞으로 나아갔다. 사실 나는 그 과정에서 약간 흥미로운 모험을 할 수 있었다. 그래서 지금은 내가 그 모험을 더 즐길 수 있었으면 좋았겠다고 생각한다.

✍

나는 두 아이 중 막내였다. 부모님은 나를 편애하셨다. 누나는 사랑스러운 사람이었지만 공부에 별 관심이 없었다. 부모님은 의심할 여지없이 누나를 사랑하셨음에도 불구하고, 나의 성취는 축하해주셨지만 누나는 항상 뒷전이었다. 그리고 나는 그 분위기를 완벽히 인지하고 있었음에도 그저 그 상황을 즐겼다. 누나와 나는 결코 사이가 멀어지지는 않았지만, 그렇다고 마음으로 함께 자라지도 못했다. 누나는 사회적 배경이 전혀 다른 남자와 결혼했다. 매형은 축제를 돌아다니며 티셔츠에 글자를 인쇄해서 팔았다. 종종 그들은 레저용 자동차에서 살기도 했다. 매형은 누나에게 좋은 남자였으며 우리 부모님에게도 공손했다.

나는 누나와 매형에게 연락해본 적이 없다. 일상적인 전화 통화나 간단한 메모조차 남긴 적이 없다. 한번은 뉴욕에서 애틀랜타까지 운전하고 갈 때였다. 조금만 돌아가면 누나 부부의 집이었다. 하지만 들르지 않았다.

그때 누나는 죽어가고 있었다. 매형은 이미 세상을 떠난 뒤였고 누나는 치료 불가능한 혈액 질환을 앓고 있는 상태였다. 나는 누나가 세상을 떠나기 5일 전에야 겨우 만나러 갔다. 나는 누나에게 사랑을 주어야 했던 시간에 누나를 판단했다. 누나가 가장 큰 도움이 필요할 때 그것을 무시했다. 어릴 때부터 누나를 뒷전으로 밀어두던 습관을 반복했던 것이다.

어떻게 내가 하나밖에 없는 누나를 그런 식으로 대할 수 있었을까? 아내와 나는 이러한 나의 과거를 돌아보며 하나의 목표를 세웠다. 우리의 아이들과 손주들이 서로 소통하고 함께하는 시간을 즐기고, 가족 간의 유대의 힘을 느낄 수 있는 환경과 기회를 만들어주기로. 지금까지 이 계획은 멋지게 성공하고 있다. 그러나 그 어떤 것도 과거를 바꾸지는 못한다.

❧

나는 내가 좋아했던 친구와 몇 년 동안 연락을 끊었다. 남자친구

문제 때문이었다. 그 논쟁은 정말 시간 낭비였다. 어느 해의 대속죄일(속죄일이라고도 불리며 히브리력 7월 10일에 기념하는 유대인들의 명절이다. 모든 죄를 용서받는다는 의미를 지니고 있다-옮긴이)이 지나고 내가 먼저 그 친구에게 연락했다. 그 후 우리는 지금까지 친구로 잘 지내고 있다. 이 세상에 겸허한 대화와 "미안해"라는 세 글자로 해결할 수 없는 문제는 거의 없다.

❧

수년 전에 나는 상당히 이기적인 이유로 한 사람을 부당하게 대우했다. 몇 년 후에 사과를 하려고 그의 소식을 수소문해봤지만 그는 이미 세상을 떠난 후였다. 누군가에게 상처를 주었다고 생각한다면(의도적이든 아니든), 가능한 빨리 상황을 바로잡으려는 시도라도 하라.

❧

우리가 60대가 될 때쯤에 아주 분명해지는 것이 있다. 과거에 실패라고 생각했던 어떤 일이 수년이 지나 돌아보았을 때 오히려 행운이었음을 깨닫는 일이다. 따라서 어떤 일이 실패인지 행운인지는 그것이 일어나는 당시에는 확실히 알 수 없다. 나는 노스웨스턴 대학에서 종신 교수로 임용되지 못하는 바람에 시카고를 떠났다. 캘리포니아 대학의 임시 교수직을 제안받아 캘리포니아로 이주했다. 그런 다음 랜드 연구소에서 경력직 장학금을 받았고, 캘리포니아 주립대 LA 캠퍼스에서 종신 교수직이 보장되는 자리를 받았다. 그러고 나서 정교수가 되었으며, 명예교수로 은퇴했고 지금은 엄청난 연금을 받고 있다.

내가 그대로 시카고에 있었다면 나의 사랑하는 대녀는 절대 태어나지 못했을 것이다. 내가 캘리포니아에서 사귄 그 소중한 친구들을 만나지 못했을 것이며, 파도가 부서지는 바다 뷰의 집도 가지지 못했을 것이다. 내가 시카고에 있었다면, 역사적이고 아름다운 윌셔 불러바드 회당(유대교 회당이며, 독특한 디자인으로 유명하다-옮긴이)에 소속되지도 못했을 것이다. 시카고에서의 나의 시간이 없었다면 내 삶에서 랍비를 만날 가능성은 없었을 것이다. 그 랍비는 운이 좋지 않아 노스웨스턴에 왔던 나의 학생이었다. 그것이 정말 그에게 불운이었을까? 나는 어느 따뜻하고 화창한 날, 시카고의 눈보라 사진을 보다가 문득 깨달았다. 그 순간에는 의심할 여지없이 불운인 것처럼 보였던 일이, 결국에는 행운이 되었다는 사실을 말이다.

꧁

나는 수년 동안 진정한 나의 자아를 거부했다. 나의 성 정체성을 부정하고 두 번이나 잘못된 결혼을 했다. 특히 첫 번째 결혼을 후회하는데, 당시 내가 결혼하지 말아야 한다는 것을 스스로 알고 있었기 때문이다. 이 결혼으로 나의 첫 번째 아내에게 상처를 주었으며, 그녀는 그 상처를 극복하기 위해 평생 애를 썼다.

내가 사랑하는 사람들은 항상 스스로에게 진실되고, 특히 관계에 있어서는 자신이 아닌 다른 누군가가 되려고 애쓰지 않기를 바란다. 그것은 결국 스스로와 상대방에게 상처를 주게 된다. 그것은 너무나 잘못된 일이다.

꧁

나의 최대 실패는, 너무 바빠서 아내에게 얼마나 많이 사랑하는지 충분히 표현하지 못한 것이다.

꧁

나는 해고된 적이 있다. 경제적 위기를 겪게 되어 친구에게 돈을 빌려야 했다. 그리고 1년 동안 대부분의 사람들이 평생에 걸쳐 겪을 불합격의 경험보다 훨씬 많은 불합격을 겪었다. 그러나 나

**111**

는 지금 나에게 그렇게 많은 좌절을 안겨주었던 그 분야, 그 직종에서 일하고 있다. 내가 배운 진리는, 어떤 나쁜 일이 벌어졌을 때 그것이 나에게만 일어나는 일이라고 여기지 말아야 한다는 것이다. 대부분의 사람들이 일과 삶에서 성공보다는 실패를 더 많이 겪는다. 그리고 대부분의 사람들이 포기하거나 방향을 바꾼다. 그러니 그 길에 버티고 서서 당신 앞에 기회가 올 때마다 도전하라. 어쩌면 당신이 마지막까지 버텨낸 유일한 사람이 될지도 모른다.

❧

나는 꿈의 직장을 떠나 부담이 적은, 더 작은 회사로 옮겼다. 왜냐하면 나에게 주어진 일을 감당할 수 없을 거라고 생각했기 때문이다. 돌아보면 그것은 실로 엄청난 실패였다. 이 한 번의 결정이 수년 동안 나의 경력을 망쳤으며 자존감에도 상처를 주었다. 그러한 결정을 내린 후 잠시 동안은 압박에서 벗어났다는 안도감을 느꼈지만, 부담감을 극복하지 못하고 쉬운 길을 택했다는 자괴감으로 괴로웠다. 그래서 내가 남기고 싶은 메시지는 이것이다. 기회가 오면 죽이 되든 밥이 되든 무조건 해라. 스스로의 능력을 알기 위해 기꺼이 실패를 각오하라.

나의 최대 실패는, 열정을 쏟을 수 있는 직업을 갖기 위해서는 그 분야에서 전문가가 되어야 한다는 사실을 너무 늦게 깨달았다는 것이다. 어떤 분야에서든 전문가가 되는 것은 마법처럼 그냥 일어나는 일이 아니다. 연습과 훈련을 통해 가능하다. 나는 50대 후반이 되어서야 나의 분야에서 전문성을 띨 수 있었다.

나는 매일 실패한다. 종종 공개적으로, 그리고 크게 실수한다. 그러나 나는 무엇을 하든지 간에, 진정으로 실패라는 것은 없다고 배웠다. 누군가는 당신이 실패했다고 말할 것이다. 그런 목소리는 진지하게 받아들이지 마라. 또 긍정적인 평가를 가볍게 넘겨버리지도 마라. 목소리 큰 비평가 한 사람이, 다른 9명의 목소리를 들으려는 당신을 방해하도록 두지 마라. 겸손함을 잃지 말고 비판에 귀 기울이며 그것을 통해 배우도록 하라. 많은 사람에게 먼저 자문을 구한 후라면 자신의 뜻을 굽히지 마라.

부모로서, 지도자로서, 친구로서, 만약 당신이 인기가 없다면, 그것은 과거에 당신이 한 일들 때문이다.

결론적으로 말하자면, 자신의 실패와 실수를 진지하게 받아들이되 스스로에게 너무 가혹해지지는 말라.

✍

나는 너무 많은 실패를 겪었다. 그래서 하나를 선택하는 것이 힘들다. 하지만 많은 실패의 경험에는 반드시 교훈이 있다. 어떤 실패는 내가 그것을 이해하는 데 수십 년이 걸리기도 했지만 말이다. 예를 들어, 대학 졸업 후 나는 로스쿨에 합격하지 못했다. 이것은 나에게 큰 상처였다. 그러나 수년이 지나고 나서 깨달은 것이 있다. 만약 내가 로스쿨에 갔다면 한심한 변호사가 되었을 거라는 사실이다. 변호사가 되는 것은 나에게 맞는 길이 아니었다.

　최근의 실패 경험은 몇 달 전에 있었다. 그 실패로 인해 많은 것을 배웠다. 나는 코로나와 사업 문제로 큰 어려움을 겪고 있는 친구를 도와줌으로써 그를 위로해줄 생각이었다. 그 친구 옆에 있어 주고 싶었다. 하지만 웬일인지 중부표준시(미국 중부와 캐나다 중부의 시간제-옮긴이)와 태평양표준시(미국, 캐나다 서부 연안에서 사용하는 시간제-옮긴이)의 날짜를 혼동하는 바람에 그러한 기회를 망쳐버렸다. 내가 그 친구를 도울 수 있는 화상회의 준비로 한창일 때, 난데없이 회의에 참여하는 사람들로부터 나를 기다리고 있다는 문자를 받았다. 나는 너무나 당황했고 불안감이 나를 잠식했다. 급하게 화상회의에 참여해야 했기에 준비 상태는 내가 목표했던 것의 근처에도 가지 못했다. 겨우 어떻게든 해냈지만 엄청나게 실패했다고 느꼈고, 힘들어 하고 있는 친구에게 부끄러웠다. 결국 난 회의가 끝난 후 오랫동안 흐느껴 울었다. 바닥을 세게 치기도 했다. 그 다음 주 내내 울었고 우울해했다. 그러고 나서 친구에게 사과했다. 그 친구는 너그러운 마음으로 나를 이해해주었다.

얼마 후 나는 그 회의의 녹화본을 볼 용기가 생겼고 그것을 보고 난 후에 엄청나게 놀랐다. 생각했던 것만큼 나쁘지 않았기 때문이다. 나는 친구가 왜 나의 노력을 고맙게 여겼는지 이해했다. 나는 여전히 이때를 생각하면 어리둥절하다. 내가 어떻게 내 노력의 가치에 대해 그렇게까지 무지할 수 있었을까? 때때로 우리는 스스로를 미치도록 비판한다. 때때로 성공하고자 하는 우리 자신의 갈망이 우리의 자신감을 뒤흔든다. 이 경험으로 내가 얻은 교훈은, 사랑하는 사람들 옆에서 그냥 함께 시간을 보내고 그들에게 지속적으로 시간을 투자하라는 것이다. 계속 노력하라. 어떤 일을 망쳤을 때 자책하지 말라. 상황을 바로잡을 방법을 찾아서 앞으로 나아가라.

　　　　　　　　　　　*✻*

말도 안 되는 소리 같지만, 나는 그 어떤 '대단한 실패'도 돌아보지 않는다. 적어도 내 인생의 이 시점에서는 아니다. 나는 항상 실패는 무언가를 배우고 성장할 중요한 기회라고 생각해왔다. 그리고 바로 이 부분이 내가 사랑하는 이들과 나누고 싶은 진리라고 생각한다. 실패는 실망과 당혹감을 불러일으킬 수 있으며, 가끔은 해결해야 할 문젯거리가 되기도 한다. 하지만 만약 그 실패를 극복할 수만 있다면, 그 경험으로 변화하고 성장하고 발전하며 앞으로 더 크게 걸어나갈 수 있을 것이다.

　　　　　　　　　　　*✻*

나의 최대 실패는, 내가 옳다고 확신하는 일에 대해서는 다른 사람의 의견을 경청하지 않았다는 것이다. 나는 합리적인 대화보다는 목소리가 크고 열정적인(어떤 사람은 화난 것으로 생각한다) 비판에 익숙했다. 나는 미래를 예측하고 앞으로 어떻게 일이 풀릴지 혹은 풀리지 않을지를 알 수 있다고 자신했다. 내 독단적인 자아와 상처들에 굴복한 것이다.

간단히 말해서, 아버지와 나와의 관계이다. 아버지는 교육을 받지 못했다. 스포츠에 대해서 아무것도 모르셨고 배우는 것에도 전혀 관심이 없었다. 아버지는 내 경기를 보러 오신 적이 없었다. 우리 가족을 위해 일하시느라 너무 바빴기 때문이다. 그러나 아버지가 돌아가신 직후 우리의 관계에 대해 반추해보았을 때 나는 깨달았다. 아버지는 동생과 나에게 조건 없는 사랑을 주었던 유일한 사람이었다는 것을.

그러나 나는 그것만으로 충분하지 않았다. 내가 꿈꾸는 모습의 아버지를 원했다. 나를 최고의 학교에 보내주는 것, 항상 내가 얼마나 특별한 아이인지 말해주는 것만으로는 충분치 않았던 것이다. 아버지는 나이가 많았지만(아이러니하게도, 나 역시 그렇다) 내 친구들의 아버지들은 모두 젊었다. 그것이 내가 아버지를 부끄럽게 여긴 하나의 이유가 되었다.

가난에 시달리며 힘들게 자란 교육받지 못한 남자, 자신의 첫 번째 가족을 잃은 홀로코스트 생존자인 나의 아버지를 인정할 수 없었다는 것이 나의 가장 큰 결점이었다고 생각한다. 아버지는 결점이 없는 사람이었지만 나는 아니었다.

나의 가장 큰 실패는 이것이다. 아버지가 살아계셨을 때 이것을 깨닫지 못했다는 것, 아버지가 키운 남자로서 내 자신이 훨씬 더 괜찮은, 더 자신감 있는 남자라는 것을 더 빨리 깨닫지 못했다는 것. 심지어 내가 가장 불안했던 시기에도, 아버지는 항상 나에게 내가 목표로 하는 것은 어떤 일도 해낼 수 있다고 확신을 주셨다. 아버지는 93세가 되셨을 때 치매를 앓는 상태에서, 내가 당신을 사랑하지 않는 것 같다고 말씀하신 적이 있다. 나는 아니라고, 아버지를 사랑한다고 말했다. 그때 내가 진심으로 그런 마음이었다면 얼마나 좋았을까? 지금은 정말 그렇다. 나와 아버지와의 관계가 어땠는지, 그리고 내가 어떻게 그 관계를 그렇게 어긋나게 만들었는지 밤새워 써도 모자라다. 그러나 눈물은 그만 멈추고 싶다. 바로잡기에는 너무 늦어 버렸기 때문이다.

많은 사람들이 가장 하기 어려운 말은 "미안해"일 것이라고 생각하지만, 나는 그것보다 더 어려운 말이 있다고 생각한다. 그것은 "내가 틀렸어"라는 말이다. 타인에게, 그리고 종종 자기 자신에게도 가장 하기 힘든 말이다. 어떤 면에서 우리 모두는 노력해본 것에 대한 격려보다는, 일이 잘못된 것에 대한 벌을 더 자주 받아왔다. 우리 모두는 부도덕하고 어리석고 불친절하거나, 그야말로 인간적인 오류를 범한 적이 없는 척하며 삶의 대부분을 보낸다. 그러나 자신의 진실된 감정을 거부하고 억압하게 되면, 우리는 표출해야 할 그 끔찍한 감정들을 우리 안에 가두게 되고, 다른 사람이 우리의 실수에서 배울 수 있는 소중한 기회도 빼앗게 된다. 앞의 사람들의 대답에서 알 수 있듯, 스스로를 이해하고 헤아리는 일은 모든 사람들이 희망하는 일이지만, 항상 그 타이밍이 문제가 되곤 한다.

얼마 전의 일이다. 나의 전작에 관해서 어느 팟캐스트 방송과 인터뷰를 갖게 되었다. 죽음에 대한 두려움을 극복하지 못하는 것이 어떻게 우리의 충만한 삶을 방해하는지에 대해 이야기했다. 그 방송은 서양 문화의 다양한 금기에 초점을 맞췄다. 진행자가 대화 도중에 단순하지만 굉장히 심오한 말을 했다. "우리가 그것에 대해서 이야기할 수 있다면 감당할 수도 있는 겁니다." 그의 이 말은 내 인생에 비춰봤을 때 사실이다. 사랑하고 신뢰하는 이들과 나누지 못하는 이야기는 나를 가장 고통스럽게 하는 일, 내가 후회하는 일과 관련되어 있다. 실패에 대해 이야기를 나누는 것은 스스로에게 좋은 일이다. 그렇게 함으로써 비밀을 지켜야 한다거나, 우리의 어리석은 혹은 나쁜 행동을 부인해야 한다는 압박을 덜 수 있다. 또한 우리가 사랑하는 이들에게도 좋은 일이다. 실패를 이야기하면서 우리는 조금 더 인간적인 면을 보여줄 수 있으며, 이는 자신의 연약함을 인정하는 중요한 본보기가 될 수 있다.

칼럼니스트인 데이비드 브룩스David Brooks는, 자신이 존경하는 사람들은 자신들의 '원죄'를 제대로 다룬다고 말한다. 그 사람들은 자신들의 원죄를 알아내고, 거기에서 비롯된 나쁜 행동을 겸허하게 고치려고 노력하는 방식으로 자신들의 죄를 해결한다는 것이다. 당신의 끔찍한 실패를 돌아보고 거기에 어떤 교훈이 있는지 알아내는 데에는 어느 정도 시간이 걸릴 것이다. 그러나 포기하지 말라. 아마도 그것은 당신이 사랑하는 이들에게 남길 수 있는 가장 중요한 교훈이자 귀중한 선물이 될 테니까.

-

지금까지의 인생에서 가장 큰 실패는 무엇인가?

그로 인해 깨닫게 된 메시지는 무엇인가?

_____

_____

_____

_____

_____

_____

_____

_____

_____

_____

_____

_____

## 5장

# 인생의 가장 큰 시련을 극복하게 해준 것은 무엇인가

여러분이 만난 난관들을 장애로 생각해서는 안 돼요. 실로 여러분이 그 역경을 극복하고 이겨나가는 과정은 여러분의 가장 큰 자양분이 될 테니까요.

**미셸 오바마** Michelle Obama


내가 가장 좋아하는 유머는 작은 마을의 화재에 관한 이야기다. 어느 마을 중심부의 모든 것이 화염에 휩싸였다. 열기가 너무 강해서 소방대원들이 불길에 가까이 다가갈 수 없었다. 그들이 할 수 있는 일이라고는 마을이 불에 타는 모습을 바라보는 일뿐이었다. 그때 갑자기 소방차 한 대가 멀리서부터 자욱한 연기를 뚫고 전속력으로 달려와 다른 소방차를 지나쳐갔다. 놀랍게도 그 소방차는 불길의 한가운데에 멈춰 섰다. 알고 보니 지역 소방서에서 온 소방차였다. 수녀님들이 정신없이 소방차에서 뛰어내리더니 도끼, 호스, 사다리를 들고 마치 벼룩처럼 빠르게 여기저기를 뛰어다녔다. 그 광경을 지켜보고 있던 모든 사람들이 큰 충격을 받았다. 10분 만에 모든 불길이 진압되자 사람들은 놀라면서도 한편으로 기뻐했다.

마을 사람들은 수녀님들에게 감사 인사를 하기 위해 축제를 열었다. 행사를 마무리하며 시장이 수녀 원장을 무대로 불러 시민들이 감사의 뜻으로 모은 1만 달러 수표를 전달했다. 그곳에 있던 한 뉴스 기자가 소리쳤다. "수녀 원장님, 그 돈으로 뭘 하실 겁니까?"

수녀 원장은 이렇게 대답했다. "가장 먼저 그 망할 소방차 브레이크부터 고칠 겁니다!"

정말 웃기면서 어려운 진리를 담고 있는 이야기다. 때로 우리는 그것이 자의적이든 타의적이든 간에, 크고 작은 시련을 겪게 된다. (물론 수녀님들의 경우는, 그것이 자의적이었건 타의적이었건 그들의 용기와 인간애에 대해서는 배워야 할 것이 많다.)

누군가가 자신의 삶이 무너졌다고 생각할 때, 그들은 종종 가장 먼저 나에게 전화한다. "스티브, 그 기사가 막 보도됐어요. 사진도 실렸어요. 저 너무 창피해요. 어떻게 해야 될지 모르겠어요." "스티브, 론이 지하실에서 총으로 자살 시도를 했어요. 지금 병원으로 와 주실 수 있으세요? 부탁이에요." "스티브, 엘라가 아이 학교 친구의 아빠와 바람을 피우고 있어요. 너무 참담해요." "스티브, 캐리가 지난밤 자다가 세상을 떠났어요. 아이들에게 어떻게 말해야 할지 모르겠어요. 세상에 애들이 너무 어린데…… 제발 좀 와주세요." "스티브, 법정에서 제가 어떤 사람인지 증언해줄 사람이 필요해요. 당신이 해주었으면 좋겠어요, 저 너무 무서워요. 차라리 죽었으면 좋겠어요." "스티브, 부검은 끝났고 장례식은 금요일이에요. 우리 사랑스러운 아기가 누워 있는 그 작은 관을 저는 차마 못 옮기겠어요. 대신 해주시겠어요?" (이름은 바꿨지만 모두 실제 통화 내용이다.)

물론, 이들의 부탁 중 어떤 것도 쉽지 않았다. 하지만 나는 문을 나서기 전에, 도움을 주러 길을 나서는 사람보다 고통 속에 있는 당사자가 몇 배는 더 힘들 것이라는 사실을 나 자신에게 계속해서 상기시킨다. 그리고 내가 도착하면, 많은 사람들이 지옥 같은 불길 속에서 걸어 나오는 모습을 보면서 배우게 된 교훈, 그리고 나 자신의 고통과의 싸움에서 배우게 된 교훈을 바탕으로 조언한다. 그 조언은 나 자신의 경험에, 그리고 이 질문에 응답해준 사람들이 증명해준 기본적인 세 가지 깨달음에 기반을 두고 있다. 첫 번째 깨달음은 다음에 나오는 실제 이야기에 잘 담겨 있다. 나

는 이 이야기를 의료 전문 웹사이트에서 읽었다. 이것은 유머가
아니다.

나는 이름이나 사는 곳, 개업한 병원의 진료 과목도 밝힐 수 없
다. 내 자신이 수치스럽고 창피하고 가끔은 다른 사람들의 비난
을 받기도 했기 때문이다. 심지어 몇 년이 지난 지금도 내가 기
소되어 법적 책임이나 벌을 받게 될까 두렵다. 한때는 그럴 정
도였다. 하지만 지금의 나의 이야기는 성공에 관한 것이다. 내
이야기는 희망의 이야기, 응원의 이야기, 회복의 이야기이다. 이
런 사적인 이야기를 공개하는 이유는 이 글을 읽는 사람들, 의
료계에 있는 나의 동료와 친구들에게 중독 질환, 중독의 위험한
유혹에 대해 경고하기 위함이다. 그리고 무서운 질병으로부터
벗어날 수 있게 해준 것에 대한 이야기를 들려주기 위함이다.

나의 약물 복용은 의과대학에 들어가면서부터 시작되었다.
고등학교 때도, 심지어 대학 때도 절대 술은 입에도 대지 않았
고 친목을 목적으로 약물을 사용해본 적도 없었다. 그러던 어느
날 저녁이었다. 유기화학 시험공부를 해야 하는데 졸음이 쏟아
졌다. 그때 한 친구가 나에게 샘플로 가지고 있던 각성제를 주
었다. 효과는 완벽했다. 순진하게도 나는 그 후로 에너지가 필

요할 때마다 약을 복용하기 시작했다. 나에게 그 약은 단지 조금 더 각성 효과가 있는 한 잔의 커피 같았다. 그러다가 온라인으로 그 약을 주문할 수 있다는 것을 알게 되었고 필요할 때마다 쉽게 구할 수 있었다.

나는 최고의 의사가 되겠다는 결심으로 병원을 개업했다. 많은 시간을 환자들에게 할애했고, 그로 인해 우리 병원을 방문하는 환자들의 수도 많아졌다. 진료 환자 수가 기하급수적으로 늘어나면서 나는 업무의 완급 조절에 어려움을 겪게 되었다. 사업을 해본 경험이 없었기에 일하는 시간은 점점 길어졌다. 업무는 늘어가는데 감당할 수가 없었다. 수면 시간을 줄이기 위해 점점 더 많은 약을 복용했고 그러고 나서 수면을 위해 훨씬 더 많은 양을 먹었다.

복용량이 점점 늘어갔다. 온라인 주문을 하다못해, 급기야 가족의 이름으로 직접 처방전을 쓰기에 이르렀다. 갑자기 삼촌에게 무릎 통증이 생겼고, 장인은 등에 문제가 생겼으며, 이모는 관절염으로 처방을 받았다. 그들이 실제 복용하지도 않은 약에 대해 내가 공식적인 진료 기록을 남기고 있다는 생각은 하지도 못했을 뿐만 아니라, 내가 쓴 처방전의 기록이 남는다는 생각도 전혀 못했다. 나는 통제 불능 상태였지만 당장 하루하루를 무사히 넘기기 위해 계속해서 많은 양의 약물을 복용했다.

이 시기 동안 내내, 나는 내가 여전히 최고의 자리에 있다고 생각했다. 이런 약물 사용에도 불구하고, 나는 나날이 번창해가는 병원을 운영하는 의사였다. 나는 양질의 의료 서비스를 제공했고 불평하는 환자도 없었다. 나에게 의지하며 나를 훌륭한 가장으로 생각하는 아내와 아이들도 있었다. 친구들과 가족들은 나를 존경의 눈으로 바라봤다. 나는 의사 사회에서도 존경의 대상이었다. 나는 이러한 지위를 누리면서, 사회적으로 학문적으로 많은 것을 이뤄왔기 때문에 스스로를 그럴 만한 자격이 있는 사람이라고 생각했다.

그러던 어느 날, 가짜 처방전에 대한 조사를 한다며 마약 단속국에서 찾아왔다. 현실을 충분히 자각하기까지 몇 달이 걸렸다. '믿을 수가 없어'가 그 당시 나의 반응이었다. 나는 은밀하게 약을 찾아 헤매는 마약쟁이도, 범죄자도 아니었다. 나는 존경받는 의사였다. 미소와 사과로 마무리될 수 있는 완전한 오해라고 확신했다. 그러나 나의 생각은 완전히 잘못된 것이었다.

나의 추락의 끝이 어디일지, 그리고 그로 인해 느끼게 될 수치심이 어느 정도일지 가늠할 수조차 없었다. 가짜 처방전을 발급한 것에 대한 법적, 직업적 후폭풍에 직면하게 되었고 더불어 사람들의 신뢰를 잃는 굴욕까지 감당해야 했다. 나는 더 이상 평생 동안 열심히 노력해 많은 것을 성취해낸 성공의 아이콘이 아니었다. 그때 나는 동료들의 눈에, 그리고 생전 처음으로 나 스스로에게 부도덕한 사람이 되었다.

이것은 우리 모두를 위한 교훈이 담긴 이야기이다. 서서히 진행되는 중독의 무서움에 대하여, 또 중독을 부정할 때의 위험성에 대하여 교훈을 주고 있다. 이 의사는 약물 복용과 가짜 처방전 발급이 문제가 된다는 것을 스스로 사전에 어느 정도는 인지했어야 했다. 자신의 건강, 경력과 더불어 자신의 환자와 가족들까지 엄청난 위험에 처하게 했고, 그는 그 위험을 지속적으로 합리화하기 위해 그 문제에 대해 눈을 감은 것으로 보인다. 처음 가짜 처방전을 쓰려던 순간에 자신의 중독을 인지하고 도움을 요청했다면 그의 이야기가 어떻게 흘러갔을지 상상해보라. 그렇게 많은 사람들의 삶, 그리고 나 자신의 삶의 내막을 들여다보며 내가 거듭 알게 된 것은, 부정, 자존심, 두려움, 혹은 수치심의 감정들이 도덕적 실패를 직시하려는 우리를 막아설 때, 우리 모두는 문제를 바로잡을 수 있는 기회를 놓치게 되고 그로 인해 나중에 훨씬 더 끔찍한 결과를 초래할 수 있다는 사실이다.

사람들이 종종 나의 글에 대해서 말하는 것이 있다. 그중 하나는 내가 일반적으로 성직자들이 할 것 같지 않은 방식으로 나 자신의 취약점을 드러낸다는 것이다. 다른 사람에게 도덕적 인간의 표본으로 인식됨에도 불구하고, 나는 왜 기꺼이 나의 결점과 실패의 이야기를 다른 사람과 나누는 것일까? 앞에서 나는 당신이 사랑하는 이들과 이야기를 나눌 것을 권했다. 나의 이야기를 공유하는 이유도 이와 다르지 않다. 당신의 경험은 사랑하는 사람들의 부정의 벽을 무너뜨릴 수 있다. 또한 그들이 자신을 속이려는 첫 번째 시도에서, 예를 들어 종양이 만져지거나 심한 우울감을 느끼거나 혹은 스스로 이것을 이겨낼 마음이 있다는 거짓말을 하려는 순간에, 당신의 경험은 그들이 자신의 문제를 직면하도록 격려할 수 있다. 적어도 그들이 사랑하고 존경하는 당신도 실수를 한 적이 있고 과거에 그런 약점이 있었다는 사실은, 그들의 외로움, 수치심, 두려움을 덜어줄 수 있다. 당신의 잘못된 판단이 초래한 고통의 진실을 말해주는 것은, 우리가 가장 사랑하는 이들에게 치유의 유산을 남겨주는 일이다. 시간이 지날수록 숙성되고 깊어지는 와인과 10대 청소년을 제외하고, 시간이 지나며 스스로 나아지는 것은 거의 없다. 우리가 우리의 문제를 직시하는 시간이 빠르면 빠를수록 상황은 더 나아진다. 사랑하는 이들이, 우리가 우리의 문제를 마침내 직시했을 때 느꼈던 안도감을, 더 빠르고 덜 고통스러운 방식으로 느끼게 된다면 얼마나 좋은 선물이 되겠는가. 이것은 우리의 진실된 이야기를 통해서만이 가능하다.

많은 사람들이 역경을 극복하면서 얻은 두 번째 깨달음은, 손을 내미는 것의 중요성이다. 우리가 고통받고 있다는 것을 타인에게 알릴 때까지 오랜 고민의 시간이 있다. 우리 중 많은 이들이 진실된 용기는 홀로서기를 통해 얻어지며, 도움을 요청한다는 것은 겁이 많고 약하다는 증거라고 배워왔다. 그러나 우리는 이미 혼자일 때보다는 함께일 때 고통을 더 잘 극복한다는 사실을 알고 있다. 혼자가 더 나은 사람은 없다! 나는 다른 사람들이 고통을 겪는 모습을 여러 번 목격했다. 그들이 겪는 모든 고통, 그리고 나 자신의 고통을 통해 나는 생각했다. 고통 속에 있을 때 가장 힘든 부분은 고립된 느낌, 버려진 느낌이라고 말이다. 그것은 아무도 우리를 도울 수도 도와서도 안 된다는 느낌, 어느 누구도 나에게 관심이 없으며 진정으로 이해하지 못한다는 느낌이다. 나는 신뢰하는 누군가와 고통을 나눴을 때 그 고통이 반으로 줄어든다는 것을 알기까지 수년이 걸렸다. 홀로서기는 길고 불필요할 정도로 힘든 여정이다. 내가 전에 여러 번 인용했던 탈무드의 현자는 이렇게 말했다. "죄수는 스스로 풀려날 수 없다." 이 위대한 격언은 우리가 고통을 겪을 때 타인에게 손을 내미는 것이 우리를 고립으로부터 해방시킬 것이며, 우리의 고통을 덜어줄 것이라는 사실을 환기시켜준다.

마지막으로, 삶에서 가장 거대하고 고통스러운 난관에 대해 알아야 할 가장 중요한 사실은, 우리는 어쨌든 그 고난을 견디고 있으며 그것으로 인해 더 충만하게 살아가고 타인을 사랑하는 방법을 배우게 된다는 것이다. 이러한 난관이 꼭 고통스러워야 한다고 말하는 것이 아니다. 단지 이 난관들이 우리가 여전히 가지고 있는 모든 것, 배웠던 것에 대해 더 큰 감사의 마음을 갖게 해준다면 궁극적으로 가치가 없는 것은 아니라는 의미다. 나는 죽은 아이의 부모들이 마음속에 슬픔을 간직한 채로 다시 살아가고, 웃고, 사랑하는 것을 본 적이 있다. 연방법원의 한 판사가, 당신은 수감생활을 잘 견딜 수 있을 것이고 다시 사회에 나온 후에도 여전히 의미 있고 놀라운 인생을 살 수 있다고 말하며 피고인을 위로하는 것을 들은 적도 있다. 최근 문제의 그 남자를 보았고 판사의 말은 맞았다. 유방암으로 양쪽 가슴을 잃고 재건 수술을 한 가슴도 망가져 다시 수술해야 하는 한 여성이 다시 웃고, 수영하고, 사랑하는 것을 본 적도 있다. 다시 사랑에 빠진 미망인의 결혼식 연단에 섰던 적도 있다. 엄청난 사업 실패를 겪고 우리 신도들을 위한 백만 달러 기부 약속을 이행할 수 없었던 한 남성은, 몇 년이 흐른 뒤에 나에게 전화를 걸어 이렇게 말했다. "제가 사업 재기에 성공했습니다. 그래서 그때 그 약속을 지키고 싶습니다."

우리 모두는 살면서 때로는 아주 심하게, 끔찍한 방식으로 다치고 상처받는다. 그러나 우리는 삶의 가장 심각한 타격의 여파에서 살아남고, 치유되고, 성장할 놀라운 능력을 가지고 있다. 여기 나의 친구들처럼, 당신도 당신이 겪었던 가장 힘들었던 역경에 대해 이야기를 나눠라. 어떻게 그 역경을 극복했으며, 그로 인해 무엇을 배웠으며, 어떻게 다시 평화를 찾았는지에 대한 이야기 말이다. 당신의 신념, 진실, 용기, 자기 연민은 당신이 사랑하는 이들을 위한 강력한 교훈이 될 수 있다. 고통 속에 있을 때 당신이 옆에 있어 주길 바라는 사람들, 심지어 당신이 세상을 떠났을 때 더욱 당신을 필요로 하고 옆에 있어 주길 바라는 사람들, 바로 그 사람들을 위한 교훈이 될 것이다.

❧

나에게 가장 큰 시련은, 내 인생의 어떤 순간에 엄마와 아빠가 곁에 없었다는 것이다. 이것이 내가 지금 위대한 엄마가 되기 위해 최선을 다하는 이유이다.

꧁

나는 바쁜 생활로 어려움을 극복한다. 정말이다. 일상을 살아내고 시간이 되면 일을 하러 가는 것. 계속 그냥 바쁘게 살아가라고 자신을 다그쳐라. 부지불식간에 힘든 일이 사라질 것이다. 혹은 새로운 어떤 일이 생겨서 결코 사라지지 않을 것 같던 아픈 감정들이 점점 무감각해지다가 어느 날 갑자기 사라질 수도 있다.

꧁

나의 삶에서 가장 큰 난관은 알코올 의존증, 중독과의 싸움이었다. 나는 26살에 술을 끊고 알코올을 갈망하는 신체적 강박에서 벗어날 수 있었지만, 알코올에 의존하려는 마음이 때때로 감정적 고통을, 그리고 재활하는 동안에는 지독한 신체적, 정신적 고통을 야기시키며 불쑥불쑥 올라왔다.

'의지'가 나의 삶을 구했다고 믿는다.

솔직히 말하면 사람들이 나를 멀리할 것을 알고 있으면서도 정직하려는 의지가, 기도를 통해 날마다 신과 교감하려는 의지가, 원망, 상처, 분노가 깃든 어떤 상황에서도 나 자신을 똑바로 보려는 의지가, 나를 사랑하는 사람들에게, 내가 그들에게 어떻게 보일지와 상관없이 나의 이러한 상황을 털어놓을 의지가, 약

**133**

해 보이더라도 사람들에게 도움을 청하려는 의지가, '익명의 알
코올 중독자들(Alcoholics Anonymous)' 모임에 다시 들어가서 내
가 할 수 있는 한 최선을 다해 그곳의 프로그램을 수행하려 한
의지가 나를 구했다.

∽

나는 나의 엄마와 할머니가 겪었던 시련(가끔은 내가 목격한 것들
도 있다)들을 기억한다. 그리고 나는 생각하곤 한다. "엄마와 할
머니가 그것을 극복할 수 있다면, 나 역시 할 수 있어"라고 말이
다. 어떤 일이 일어나든 헤쳐 나갈 길이 있다는 사실은 아무리
강조해도 지나치지 않다. 사실 헤쳐 나가려고 애를 쓸 필요도 없
다. 대부분은 시간이 해결해줄 것이다.

∽

내가 온갖 어려움을 극복할 수 있었던 힘은 나의 가족이며, 유대
인에 대한 나의 사랑이며, 세상을 치유하고 점차 긍정적인 방향
으로 세상을 이끌어야 하는 의무와 사명감이다. 물론 나는 아직
부족하다. 그러나 해보려는 노력과 열정이 나를 계속해서 앞으
로 나아가게 한다. 어쨌든 나는 나에게 새로운 지혜의 문을 열어

줄 선생님, 훌륭하고 똑똑한 스승을 계속 찾을 것이다.

✍

설명할 수 없는 내 안의 어떤 것이 나에게 힘을 주었다. 내 안의 어떤 힘이 나를 적극적으로 당면한 문제에 대처하도록, 해결책을 마련해 앞으로 나아가도록 이끌어주었다. 삶에서 일어나는 나쁜 일을 직시하고 빠르게 흘려보내는 것은 누구에게나 필요하고 중요한 일이다.

✍

도움을 청하는 것에 대해 두려워 말라. 세상에는 당신을 도와주고 싶어 하고, 도와줄 수 있는 많은 사람들이 있다. 누군가에게 도움을 주는 일은 그들 자신도 기분 좋게 한다.

✍

나는 일에서 많은 성공을 거뒀지만, 진정한 사랑을 찾는 일에 있어서는 그렇지 못했다. 나는 어려운 어린 시절을 보냈고, 내가 보아왔던 모든 관계들은 가장 건강하지 못한 관계의 표본 같았다. 사람은 자신이 받을 만하다고 생각하는 딱 그 정도의 사랑을, 그리고 자신에게 가장 익숙한 사랑을 끌어당긴다는 말이 있다. 나는 늦은 나이에 마침내 사랑을 찾아 결혼했지만, 그 결혼을 지속하기 어렵다는 사실을 깨달았을 때 크게 절망했다. 나의 인생에서 가장 큰 희망이었으며 가장 많은 노력을 기울였음에도 불구하고 모든 것이 무너져내리고 있었다. 우리의 관계가 끝나가던 때에 남편은 직장을 잃었고, 나는 가정을 이루기 위해 진작 일을 포기했었기 때문에 경제적으로 어려워졌다. 내가 그런 경제적 어려움에 처했다는 사실이 수치스럽고 당혹스러웠다. 게다가 내 힘으로 상황을 바로잡거나 개선시킬 수 없다는 사실이 너무 부끄러웠다. 나는 심각한 우울증, 절망감, 패배감과 싸우고 있었다. 이런 깊은 수렁에서 빠져나갈 방법은 몰랐지만 나가야 한다는 사실은 알았다. 나는 남편과 함께 한 아이를 입양했다. 이 입양이 우리로 하여금 화목한 가정을 이루게 하고, 내가 항상 갈망하던 안식을 주기를 바랐다. 그러나 상황이 변하지 않을 거라는 것이 명백해졌을 때 내가 해야 할 일이 무엇인지 확실히 알게 되었다. 나의 딸을 위해 사랑과 희망을 찾는 것, 그리고 어려움을 떨쳐내고 삶을 재건할 힘과 용기를 찾고 강한 의지를 갖는 일이었다. 그것은 그동안 내가 했던 것들 중 가장 힘든 일이었다. 말 그대로 나를 앞으로 나아가게 하는 것은, 어린 딸에 대한 나의 사랑과 꿈이었다. 나의 바람이 아닌, 나의 아이에게 본보기가 되고 아이를 위해 이루고 싶은 삶을 위한 노력이었다.

나는 먼저 계획을 세웠다. 우선 내가 바로잡을 수 없는 그 소용돌이치는 관계를 떨쳐내야 한다고 생각했다. 그런 다음 다시 일을 시작할 방법을 강구했고 신의 은혜로 길을 찾게 되었다.

딸이 자신의 존재의 근원을 흔들 만한 어려움에 봉착했을 때 내가 해줄 조언은, 먼저 자신이 가장 중요하게 여기는 가치를 찾아서 그 가치에 맞게 살아가고 있는지 스스로에게 물어보라는 것이다. 자신의 삶이 그 궤도에서 벗어나 있다고 생각한다면 올바르게 수정하기 위한 계획을 세우고, 그와 일치하는 삶의 방향을 찾아나가야 한다고 말해주고 싶다.

~~

나는 나의 신념, 가족, 친구들을 통해 역경을 극복할 수 있었다. 나보다 더 훌륭하다고 믿는 사람들을 곁에 두고 있다는 사실은 나에게 계속해서 앞으로 나아갈 수 있는 자신감을 주었다. 우리가 어쩔 수 없는 상황에 완전히 압도될 때, 신이 당신의 상황을 지켜보고 있으며, 알고 있고, 돌보고 있다는 것을 인지하는 것은 큰 도움이 된다. 우리가 할 일은 최선을 다해 노력하는 것이고,

나머지는 신의 영역이다. 친구는 선택할 수 있지만 가족은 그럴수 없기에 나는 축복을 받은 셈이다. 나는 내 친구와 가족 모두에게 영원히 감사할 것이다. 다른 사람들 역시 시간이 지나면 친구와 가족이 인생에서 가장 중요하다는 사실을 깨닫게 될 것이다.

역경과 실망의 차이, 상심과 실망의 차이를 알아야 한다. 이러한 것을 분간할 줄 아는 통찰력을 유지함으로써 나는 항상 삶의 난관을 극복해왔다. 우리가 트라우마를 겪고 있을 때는 사실, 감사한 일을 찾는 것이 어렵다. 그러나 우리 주변에는 늘 감사할 일이 있다. 스스로에게 충분히 슬퍼하고 상처를 회복할 시간을 주어라. 고통과 상실에 대한 당신의 감정을 결코 소홀히 하지도 말고 그렇다고 그 감정에 잠식되어 스스로를 잃지도 말아라.

아버지와 내가 15년 동안 함께하며 나눴던 깊은 유대감 덕분에, 나는 아버지의 죽음을 견뎌내고 내 인생을 다시 살아갈 수 있었다. 나는 10대였을 때 아버지를 비행기 사고로 잃었다. 그것이 지금까지의 내 삶에서 가장 큰 고난이었다. 어린 나이에 그런 엄청난 비극을 겪으면서 누구보다 일찍 어른이 된 나는, 자라면서 많은 외로움을 느꼈다. 나에게 전부였던 아버지를 잃었다는 상실감은 나를 오랫동안 힘들게 했다. 하지만 그로 인해 내가 한 인간으로서 꽤 강하다는 것, 그리고 많은 것을 감당할 수 있는 힘이 있다는 것을 깨달았다. 비록 아버지의 몸은 내 곁에 없지만 영혼은 느낄 수 있다. 42년이 지난 지금도 여전히 나는 아버지가 항상 나의 마음과 정신의 일부라고 느낀다.

나의 조언은 이것이다. 당신이 떠나보낸 사랑하는 이의 가치를, 당신의 길을 안내하는 빛으로써 간직하라. 당신이 현재에 가지고 있고 과거에 가졌던 것들에 감사하라. 당신을 지지해주고 진실로 사랑해주는 사람을 곁에 두어라. 당신을 사랑하는 사람들이 당신이 될 수 있다고 믿는 그런 사람이 되려고 노력하라. 마지막으로 자신을 다그치지 마라. 역경에 부딪쳤을 때 시간을 가지고 자신을 돌보아라.

꩜

나는 난관에 부딪힐 때마다 가족, 친구, 신념에 의지하고, 심사숙고하면서 문제를 해결했다. 영감을 주는 책들을 읽었고, 성직자에게 조언을 구했으며, 다른 사람의 도움을 감사히 받아들였다.

＊

나는 신과 교감하며 살아가는 것으로 수많은 시련을 극복해왔다. 머리를 숙이고 나의 길을 안내해달라는 기도를 드리며 많은 시간을 보냈다. 슬픔에 빠져 있을 때, 새로운 곳으로 이사 가서 외로웠을 때, 더 최근에는 코로나 19로 너무 큰 두려움과 불확실성에 휩싸였을 때, 나에게는 기도가 구원의 은총이었다. 신의 자비와 사랑은 무한하다. 전지전능하신 신을 믿을 때, 내 앞에 펼쳐져 있는 길은 밝아지고 명확해진다.

＊

자라오면서 나의 가장 큰 어려움이자 두려움이었던 것은 바로 시력이었다. 어릴 적 내가 썼던 안경은 렌즈가 엄청나게 두꺼웠다. 나는 학교에서 선생님에게 칠판의 글씨나 교실 TV 화면에서 나오는 글씨를 읽을 수 있는지 질문을 받는 것도, 보이지 않아서 선생님께 말씀드리며 반 친구들 앞에서 창피를 당하는 것도 무서웠다. 나는 심하게 경쟁심이 강했지만, 그에 비해 내 손과 눈의 협업은 최악이었다.

나는 형편없는 시력으로 인해 불리한 삶을 살아가야 하는 것이 몹시 두려웠다. 그러다 이러한 나의 두려움과 불안을 부정적인 것이 아닌 긍정적인 방향으로 이끌기로 결심했다. 메모만 가지고 발표할 수 있도록 뇌를 훈련시키기 위해 가능한 한 열심히 노력했다. 농구를 할 때는 슛이 정확하지 않았지만, 그 한계를 보완하기 위해 수비에 중점을 두었다. 나는 시력 장애라는 난관이 있었지만, 그것이 나를 파괴하도록 두지 않을 작정이었다. 지금도 여전히 완벽한 시력을 갖고 있지는 않지만, 약물과 백내장 수술 덕분에 예전보다 훨씬 더 잘 볼 수 있게 되었다.

나는 사랑하는 사람들에게 '문제를 기회로 바라보라'고 열심히 전하고 있다. 난관에 부딪혔을 때 그것이 당신을 파괴하게 두지 말고, 그것으로 인해 당신이 더욱 강해지도록 해야 한다.

∽

시련을 똑바로 직시하라!

계획을 세워라. 무시하거나 부정하거나 미루지 말라. 그것은 사라지지 않을 것이다. 누군가를 쉽게 판단하지 않고, 충분한 경험이 있으며 당신을 좋은 길로 안내할 사람들과 당신의 어려움에 대해 상의하라.

나는 인생에서 도저히 내 힘으로는 해결이 불가능해보이는 어떤 사건을 맞닥뜨린 때에는 신앙에 기댄다. 신은 위대하고 우리의 모든 짐을 당신의 어깨에 대신 짊어지는 존재다. 당신의 근심과 고민을 그에게 모두 맡겨라. 그리고 가벼운 발걸음으로 길을 나서라.

❦

내가 어려움을 극복할 수 있게 해준 것은 다른 사람들에게서 얻은 통찰력과 선의였다. 주로 가족이나 친구에게서 얻지만, 종종 거의 알지 못하는 낯선 사람들로부터 도움을 얻기도 한다. 나는 한때 혼자서, 순전히 내 의지와 결단력으로 역경을 직면하려 했었다. 그러나 그것은 나를 드넓은 바다의 어딘가로 나아가지 못하게 하며 그냥 그 자리에서 헤엄치게 할 뿐이었다. 다른 사람들에게 마음을 열고, 내가 완벽하지 않다는 것(이것은 공공연한 비밀이었다)을 그들이 알게 될지도 모른다는 위험을 무릅쓸 때만이, 인생에서 가장 힘든 길을 통과하기 위해 필요한 변화를 만들어냈다. 작은 빛, 가벼운 유머, 약간의 공감, 약간의 지혜, 이러한 모든 것들이 내가 힘든 시기를 이겨낼 길을 찾도록 도와주었다.

나는 30대 시절에, 25세부터 85세의 1백 명의 남성들과 함께 '나이 원(age circle)'을 만드는 행사에 참여한 적이 있다. 우리는 어깨와 어깨를 맞대고 서서 원을 만들었다. 그 모임에서 가장 어린 남성을 시작으로, 그 옆에 그 남성보다 조금 더 나이 많은 사람이 서고, 그런 방식으로 1백 명의 사람들이 나이순으로 원을 만들었다. 원이 완성되었을 때, 각 남성은 자신의 맞은편에 있는 남성에게 질문을 했다. 맞은편에 있는 사람들은 그 질문을 하는 사람보다 대략 30살이 많거나 적었다. 이것은 나보다 나이가 2배 많은 사람으로부터 조언을 구할 수 있다는 것을 의미했다. 나는 내 맞은편 남자에게 30대였을 때 누군가 말해주었으면 좋았을 것 같지만, 60대가 되어서야 알게 된 것이 무엇인지 묻기로 결심했다. 그중에는 아들이 차 사고로 세상을 떠난 남성이 있었다. 아들이 사망한 그 차의 운전자는 그 남성의 딸이었다. 사고 당일, 그는 아내에게 여러 상황들이 너무 위험하니 딸이 운전하지 못하게 하라고 당부했다고 한다. 그런데도 그 사고는 기어코 일어났다. 그 남성은 말했다. "여러분은 어떤 일도 견뎌낼 수 있어요." 그 방은 조용해졌다. 그는 방법에 대해서 말하진 않았다. 다행스럽게도 그 남자의 말은 사실이다. 우리는 다른 사람들의 경험을 바탕으로, 정말 고통스러운 역경에 직면했을 때 스스로 그 역경을 극복할 자기만의 방법을 생각해볼 수 있다. 그러니 당신도 다른 사람들에게 시련을 극복한 방법에 대해 말해주어라. 이것은 당신이 세상에 없을 때, 힘든 일을 겪을 지도 모를, 사랑하는 이들에게 당신의 삶을 관통하는 용기와 힘을 물려주는 일이다.

**당신이 답해야 할 다섯 번째 질문**

-

당신이 큰 시련을 만났을 때,
그것을 견디고 앞으로 나아가게 해준 힘은 무엇이었나?
사랑하는 이들이 역경에 처했을 때
어떤 조언을 해줄 것인가?

## 6장

# 좋은 사람이란 어떤 사람인가

다른 사람에게 좋은 일을 하지 않고
좋은 사람이 될 가능성은 전혀 없다.

메흐메트 무랏 일단Mehmet Murat Ildan

아내와 함께 1월의 파리를 여행한 적이 있다. 날씨는 추웠고, 바람이 많이 불었으며 습기가 많았다. 그러나 그곳에는 여전히 파리만이 가질 수 있는 아름다움이 있었다. 추위에 떠느라 지친 우리는 몸도 녹이고 간식도 먹을 겸 한 멋진 호텔로 들어갔다. 세련된 대리석 바닥이 인상적인 로비에는 향긋한 공기를 타고 잔잔한 음악이 흐르고 있었다. 심지어 겨울임에도 여기저기에 꽃들이 장식되어 있었고, 잘생긴 남성들과 에르메스 가방을 멘, 겉으로는 아무 걱정 없어 보이는 아름다운 여성들이, 옆에 있는 카페의 고급 회갈색 의자 쪽으로 걸어가고 있었다.

나는 커피와 크루아상을 주문한 후에 이 마법의 장소를 검색해봤다. 루테티아 호텔(Lutetia)은 1910년에 지어졌다. 수년 동안 많은 유명인들이 이곳에 묵었다. 그중에는 파블로 피카소Pablo Picasso, 샤를 드골Charles de Gaulle, 앙드레 지드André Gide, 페기 구겐하임Peggy Guggenheim, 조세핀 베이커Josephine Baker도 있다. 제임스 조이스James Joyce는 이곳에서 《율리시스(Ulysses)》의 일부를 썼다고 한다.

나치가 1940년 6월 파리를 점령하고 이 호텔을 강제로 인수했을 때 사정은 달라졌다. 나치는 파리 점령을 지휘하는 장교들을 위해 호텔을 사용했다. 나치 장교들은 이곳에서 먹고 자고 즐겼다. 이적 행위 혐의자들은 길 건너편 감옥에서 고문을 당했다. 고문관들은 차 마실 시간이 되면 쉽게 이 호텔로 돌아올 수 있었다. 전쟁이 끝난 후에는 생존자들이 이곳에 수용되었다. 드골은 첫 번째 생존자를 만나서 그들이 견뎌낸 일에 대해 들으면서 흐느껴 울었다고 했다.

나는 이토록 끔찍하고 또 아름다운 곳에서 완벽하고 부드러운 크루아상을 조금씩 뜯어먹고 카푸치노를 홀짝이고 있다는 사실이 너무나 이상하게 느껴졌다. 건물, 장소, 사람들이 다 그랬다. 우리 모두는 너무 많은 것들이 될 수 있다.

복잡한 진실의 핵심은, 선악의 문제가 우리가 타고나는 본성에 관한 것이 아니라 주어진 순간에 드러나는 우리의 본질에 관한 것이라는 점이다. 일 분, 한 시간, 하루 동안 술을 마시지 않기 위해 자신과 싸우고 있는 누군가에게 물어보라. 헌신적인 배우자를 배신하고 본능에 따를지 말지 방황하느라 눈동자가 흔들리는 누군가에게 물어보라. 어떤 것에 유혹을 느껴, 선악과를 따 먹은 후에 수치심을 알게 된 누군가에게 물어보라. 선과 악에 있어 우리 각자는 죽을 때까지 내면에서 때때로 치열해지는 전쟁의 중심에 서 있어야 한다. 구소련의 반체제 인사였던 알렉산드르 솔제니친 Aleksandr Solzhenitsyn (강제노동 수용소에서 쥐를 잡아먹으며 살아남았고, 악에 대해 누구보다 많은 것을 알고 있었다)은 이렇게 말했다. "사람들 사이에서 교활하게 악행을 저지르는 사악한 인간만 분리해서 멸할 수 있다면 얼마나 좋을까? 하지만 선과 악을 나누는 경계선은 모든 인간의 심장을 가로질러 지나간다."

종교는 천국과 지옥의 측면에서 선과 악을 지나치게 단순화하는 경향이 있다. 당신은 결국 선하거나 악하거나 둘 중 하나로 분류된다. 둘 다는 될 수 없다. 그러나 우리 자신의 내면을 들여다보면 천국 혹은 지옥은, 우리 혹은 그들, 그리고 위 혹은 아래의 문제보다 훨씬 더 복잡하다는 것을 알게 된다. 결코 단순하지 않지만 겉보기에 그렇게 보이는, 다음의 이야기에 대해 생각해보라. 약간의 변주를 거쳐 이것은 힌두교, 불교, 이슬람교, 유대교, 기독교를 포함한 여러 문화의 민속 문학이 되었다. 아래의 이야기는 롬시쇼크(Romshishok)의 랍비 하임[Haim]이 정리한 것이다.

한 남자가 천국과 지옥의 비밀을 알고 싶어 했다. 신은 그의 소원을 들어주어 그를 지옥으로 안내할 안내자를 그에게 보냈다. 그들은 아름다운 궁전의 거대한 문으로 들어갔다. 지옥에 있는 사람들은 연회석에 앉아 있었다. 금색 접시들 위에는 세상에서 가장 맛있는 음식들이 높이 쌓여 있었다. 그러나 그 음식은 아무도 손대지 않은 것처럼 그대로였다. 만찬장에 있는 사람들은 수척한 얼굴로 거듭되는 굶주림의 고통에 신음하고 있었다. "저렇게 배고파하면서 왜 음식을 먹지 않나요?" 그 남자가 자신의 안내자에게 물었다. "자세히 보세요" 그 안내자는 대답했다. "그들은 팔꿈치가 없답니다. 그들의 팔은 그들 앞에 일자로 고정되어 있어서 팔을 구부려서 입으로 음식을 가져갈 수가 없어요."

이번에는 안내자가 남자를 천국으로 데려갔다. 그곳에서 그들은 지옥을 방문했을 때 보았던 것과 똑같은 연회실에 들어갔다. 식사를 하고 있는 사람들은 지옥의 사람들과 마찬가지로 구부릴 수 없는 팔을 가지고 있었다. 그러나 모든 사람들이 음식을 먹고 행복해했다. "어떻게 된 일이지요?" 그 남자는 안내자에게 물었다. "이 사람들 역시 스스로 음식을 먹을 수 없을 텐데, 왜 이렇게 행복한 거죠?", "더 자세히 보세요" 그 안내자는 말했다. 그들을 살펴본 남자는 알 수 있었다. 그 사람들 각자가 자신들의 뻣뻣하고 굽혀지지 않는 팔을 들어 테이블 건너편에 있는 사람에게 음식을 먹여주고 있었다.

이 이야기는 지옥에 있는 사람들은 왜 다르게 행동했는지에 대한 의문을 갖게 한다. 지옥에 있던 사람들도 역시 음식을 먹고 싶지 않았을까? 물론 그랬을 것이다. 지옥의 사람들도 먹고 싶었지만 천국과 달리 먹지 못했다는 것은, 지옥에는 천국에는 있는 무언가가 없다는 것을 의미한다. 그 무언가는 굶주리고 있는 타인에게 마음을 쓰는 능력이다.

지옥에 있는 사람들은 다른 사람에게 마음을 쓰지 않는다. 그리고 이러한 지옥은 가끔 우리의 내면에도 존재한다. 나는 주유소에서 차 앞 유리를 닦아주겠다는 노숙자 여성에게 때때로 돈을 주면서 또 왜 어떤 때는 외면하게 될까? 왜냐하면 공감의 마음이 왔다 갔다 하는 우리 모두처럼, 나는 때때로 천국에 있기도 지옥에 있기도 하기 때문이다. 빛의 시간들이 있고, 그 시간에 나는 타인의 고통을 너무 극렬하게 느끼게 된다. 또 어떤 시간에는 앞이 보이지 않을 정도의 어둠 속에 있어서 나 자신만을 생각하게 된다.

쇼펜하우어Schopenhauer는 이런 질문을 했다. 어떻게 사람은 타인의 아픔과 고통을 마치 자신의 아픔과 고통인 것처럼 반응할 수 있을까? 어떻게 사람은 자신의 생명을 위험에 빠뜨리면서까지 다른 사람을 돕기 위해 뛰어들 수 있을까? 쇼펜하우어의 대답은 이것이다. 연민은 당신과 다른 사람이 하나라는 진리를 경험하는 것이며, 다름을 경험하는 것은 부차적인 것이다. 그리고 그것보다 더 깊이 들어가 보면, 모든 삶은 하나의 삶이고 모든 의식은 하나의 의식이다. 그래서 우리는 타인을 도울 때야말로 '우리'라는 일체감과 소속감을 느낄 수 있다.

우리는 모두, 혼자 두려움에 떨거나 고통스러워하는 순간에 누가 도움의 손길을 내미는지, 누가 끼니를 챙겨주고, 따뜻한 메시지를 전하고, 안아주고, 차를 태워주고, 웃음을 주었는지 알게 된다. 우리가 연민을 느낄 때, 우리는 비로소 연민을 알게 된다. 우리가 선의를 볼 때, 우리는 비로소 선의를 알게 된다. 그리고 이러한 선의는 우리 각자가 내면에서 벌어지는 선과 악의 전쟁에서 이

길 수 있는지 여부에 달려 있다. 세상과 우리 가족 안에 있는 고통, 이 모든 고통은 단순하지만 끔찍한 유혹에서 기인한다. 종종 하루에도 몇 번씩 직면하는, 내가 틀어쥐고 남들에게 베풀지 말아야 한다는 유혹, 듣는 것보다는 차라리 소리쳐야 한다는 유혹, 타인의 마음과 영혼은 우리의 것과 다르고 덜 복잡하며 덜 인간적이라고 믿고 싶은 유혹, 그들이 우리와 멀리 떨어져서 살고 있는 사람들인지 혹은 우리의 이웃인지와 관계없이, 어쨌든 우리가 그들에게 상처를 준다 하더라도 그들은 상처받지 않을 거라고 믿고 싶은 유혹, 그리고 우리가 인정하지 않는 한 그들은 중요한 사람이 아니라고 믿고 싶은 유혹 말이다. 타인을 너무 쉽게 물건 취급하는 세상, "다른 사람에게 정말로 관심을 가지고 있습니까?"라는 질문에 우리 각자가 '그렇다', '아니다'가 아닌, '가끔'이라고 대답하는 세상에서 우리는 살고 있다.

생물학의 제1법칙은 자기방어다. 정신의 제1법칙은 연민이다. 그렇다. 이 둘은 충돌할 수 있다. 그러나 우리를 동물보다 더 나은 존재로 만드는 것은 연민이다. 연민은 선의를 선택하는 것이다. 연민은 지상의 천국이다. '좋은 사람이란 어떤 사람인가?'라는 질문에 대한 아래의 답변들 속에서 글을 관통하는 연민의 힘과 아름다움을 볼 수 있을 것이다.

좋은 사람이 되는 것은 당신의 행동이 타인에게 영향을 준다는 사실을 아는 것이다. 그것은 완전히 이타적인 사람이 되는 문제만이 아니라, 우리는 우리 스스로의 행복에 대한 책임이 있으며, 타인의 행복 역시 나의 것과 동일하게 중요하다는 동시다발적인 생각을 갖는 일이다.

좋은 사람이 된다는 것은 신을 섬기고 타인에게 봉사하는 옳은 행동을 하는 것이다. 좋은 사람이 된다는 것은 "네 이웃을 네 몸과 같이 사랑하라"라는 말씀을 몸소 실천하는 것이다. 그것은 이방인, 가난한 사람, 힘없는 사람, 자신의 목소리를 낼 수 없는 사회적 약자를 돌보는 것이다.

할아버지는 항상 나에게 말씀하시곤 하셨다. 반드시 누군가에게 좋은 사람이 될 필요는 없지만 모든 사람을 공평하게 대해야 한다고 말이다. 그 말이 마음 깊이 남아 있다. 우리는 우리가 좋은 사람으로 보이고 싶은 누군가를 결정하지만, 모든 사람에게 공평해야 한다. 타인에게 공평하다는 것은 좋은 사람이 되는 최소한의 조건이다. 더 높은 조건은 무엇일까? 당신의 아이가 누렸으면 하는 것과 똑같은 것들을 다른 아이 역시 누리기를 바라는 것, 그리고 그것을 위해 행동하는 것이다.

〰

좋은 사람이란 어떤 사람인지 설명하기 어렵다. 그러나 그런 사람과 함께 있을 때 우리는 그것을 저절로 느끼게 된다. 난 그런 사람과 살고 있다. 그는 든든하고, 친절하며, 강하고, 배려 깊다. 누가 돈이 많은지 혹은 누가 사회적으로 지위가 있는지 같은 것에는 전혀 관심이 없다. 그는 옳은 일을 하지만 그것이 알려지는 것은 원치 않는다.

〰

좋은 사람은 자신이 틀렸다는 것을 알았을 때 기꺼이 멈출 줄 아는 사람이다. 그들은 다른 이들이 더 나은 사람이 되기 위해 어떤 노력을 했는지, 혹은 무엇을 필요로 했는지 신중하게 듣고 생각하려 한다. 작가인 발레리 카우르 Valarie Kaur 는 이것을 '혁명적인 사랑(Revolutionary Love)'이라고 설명했다. 나는 라마단 기간에 금식을 하면서 이것을 더 잘 이해하게 되었다. 매일 밤과 이른 아침의 기도로 인한 수면 부족이, 낮 시간의 물, 음식 부족과 결합하면서 내 신체의 활동량을 현저히 저하시켰고, 그로 인해 나는 다른 사람들이 전하고자 하는 것과 필요로 하는 것을 알아차릴 수 있을 만큼 예민해질 수 있었다. 30일간의 금식은 힘들지만, 인격을 연마할 수 있는 계기가 된다. 우리가 허기에 굴복해서 다른 사람에게 화내고 싶은 순간을 잘 버텨낸다면 말이다. 우리 내면의 선함은 육체가 더 이상 우리의 행동을 지배하지 않을 때 나타나며, 우리의 자제력은 우리가 주변에서 실행할 수 있는 선행을 떠올리게 해준다. 《미슈나(Mishnah)》(유대인의 구전법과 전통을 집대성한 책-옮긴이)의 금식에 관한 부분인 5장의 내용이 우리에게 상기시켜주는 것은, 우리는 과거의 고난을 기억하고 반추하고 금식해야 한다는 것이다. 우리가 그렇게 할 때 우리는 "선으로 돌아간다." 다른 전통에도 선으로 가는 여러 길이 있다. 그중에 하나를 선택해서 걸어가라. 그러나 그것은 가치가 있는 만큼 한 걸음 한 걸음이 힘든 여정이 될 것이다. 좋은 사람이 되는 방법은 피상적이지 않다. 더 나은 당신의 자아를 향해 가야 할 현실적이고 험난한 길이다.

～

좋은 사람이란, 좋은 사람의 정의가 무엇인지, 그리고 당신이 할 수 있는 수준이 어디까지인지와 상관없이 지속적으로 최선을 다하려고 노력하는 사람이다. 이때 중요한 단어 중 하나는 '지속적으로'이다. 왜냐하면 당신이 항상 좋은 사람이 되고 싶어 하지는 않을 것이기 때문이다. 또 다른 주요 단어는 '노력하는'이다. 왜냐하면 당신이 항상 그렇게 하지는 못하기 때문이다. 이것은 '완벽해지기 대회'는 아니다. 그러나 되도록 높은 기준을 설정하고 계속해서 노력해야 한다.

～

즉각적인 기쁨, 즉각적인 만족감, 경솔한 의사 결정은 좋은 사람이 되기 위해 필요한 구성 요소가 될 수 없다. 선은 연습, 노력, 집중을 요한다.

좋은 사람은 결코 도리언 그레이(오스카 와일드의 소설 속 주인공-옮긴이)처럼은 될 수 없다. 우리가 하는 행동은 우리에게 영향을 준다. 우리가 한 선택이 우리의 영혼에 상처를 낼 수도, 심각한 손상을 줄 수도 있다는 것이다.

선은 결코 완벽함을 요구하지 않는다. 하지만 항상 우리에게 부족한 부분을 인정할 용기를 요구한다.

선은 우리가 우리의 아이들과 손주들의 행동에서 보기를 바라는 바로 그것이다.

∽

도움이 필요한 친구나 가족, 혹은 자선단체에 봉사하는 것. 다시 말해 자신을 기꺼이 내어주는 것. 시간, 돈, 자기를 주는 것. 계산대에 있는 사람이든, 더 의미 있는 방식으로 도와주는 사람이든, 당신을 도와주는 사람에게 감사하다고 말하는 것.

∽

당신이 좋은 사람이면 자연스럽게 주위에 사랑을 발산할 거라고 생각한다. 사랑은 모든 것이다. 선은 사랑이다.

∽

사랑하는 것, 이해하는 것, 그리고 누군가 당신을 필요로 할 때 곁에 있는 것.

좋은 사람은 더 큰 공동체의 이익을 위해 자신의 이익을 희생시킨다. 이것은 타인에 대한 강한 공감 능력과 관심, 그리고 상황이 주어질 때 행동할 의지를 갖고 있다는 것을 의미한다.

나는 절대 아이들에게 거짓말을 하지 않고 탈세도 하지 않는다. 그러나 만약 홀로코스트 기간 동안 많은 유대인들이 했던 것처럼, 나의 가족을 보호하기 위해 거짓말을 해야 한다면 두 번 생각할 것 없이 그렇게 할 것이다. 그러고 나서도 나는 여전히 스스로를 좋은 사람이라고 여길 것이다.

좋은 사람은 타인을 돌보는 사람이다. 좋은 사람은 공감 능력이 있는 사람이다. 좋은 사람은 관대하다. 좋은 사람은 스스로를 웃음거리로 만들 수 있다. 좋은 사람은 타인을 돕는 것을 즐긴다. 좋은 사람은 좋은 일을 하도록 동기를 부여하는 자극제가 따로 필요 없는 사람이다.

적극적 침묵. 이 말은 내가 얼마나 내뱉고 싶은지와 상관없이 연민의 마음으로 침묵하는 것이 더 낫다고 판단하는 것이다. 이것은 상처받기 쉬운 누군가가 당신에게 상처를 주었을 때 자비를 베푸는 것을 의미한다고 생각한다. 나는 항상 그렇게 좋은 사람이 아니고 그렇게 도덕적이지도 않지만, 만약 당신이 상처받지 않을 수만 있다면 침묵할 수 있다. 선에 관한 일반적인 법칙은, 누군가가 당신에게 하지 않았으면 하는 일을 당신 역시 누군가에게 하지 말라는 정언이라고 생각한다.

좋은 사람이란? 1) 적어도 자신이 대우받기 원하는 만큼 타인을 대우한다. 2) 모든 사람에게 친절하려고 노력한다. 부자이거나 가난하거나, 똑똑하거나 그렇지 않거나, 우리는 모두 같은 사람이다. 3) 돌려준다. 지역 사회나 비영리 단체에 대한 당신의 열정이 무엇이든, 보답한다. 4) 사람들이 아프지 않기를 바라고, 건강해지도록 돕는다. 5) 다른 사람의 감정을 다치게 할지도 모르는 때를 제외하고는 사람들에게 정직하다. 하얀 거짓말은 괜찮다. 다른 거짓말은 그렇지 않다. 6) 누군가의, 특히 친구들의 이야기를 소문내거나 그들을 험담하지 않는다. 이것은 좋은 사람이 되는 데 있어 유지하기 가장 힘든 자질일지도 모른다. 7) 사람들을 웃게 하고 행복하게 한다. 안녕하세요, 감사합니다, 오늘 멋있어요, 뭐 도와드릴까요? 이런 말들을 하는 것이 얼마나 힘든 일인가? 8) 사람들이 대개 친하게 지내고 싶어 하는 사람이다.

❧

나에게 좋은 사람이 된다는 것은, 어떻게 하면 다른 사람을 위해 진정성 있는 봉사를 할 수 있을까를 스스로에게 묻는 것이라고 생각한다. 친절, 동정심, 도움, 동료애, 공감, 그리고 곁에 있어주는 것이 그 방법이다.

❧

좋은 사람이 되는 것은 의식적이고 양심적인 삶을 사는 것이라고 생각한다. 그리고 나에게 그것은, 내가 가진 모든 정보를 동원해 할 수 있는 최선의 선택을 했다는 것을 의미한다. 타인과 나 자신에게 연민이 있다는 것을 의미한다. 우리 모두는 우리 자신보다 훨씬 큰 어떤 존재의 일부임을 인정하는 것을 의미한다 (그 어떤 존재가 하나 이상일 가능성이 있다).

〰

나는 그것이 정직, 진실성, 너그러움, 마음챙김이라고 생각한다.
적절한 때 타인을 우선시하는 능력을 가지고 있으며, 항상 그들
의 곁에 있어 주면서도 스스로를 챙길 줄 아는 균형감이 있는 사
람이다.


〰

황금률은, 타인이 당신에게 해주기를 바라는 만큼 타인에게 해
주는 것이다. 좋은 사람이란 어떤 사람인가? 이 질문은 선과 악
을 의미하는 것으로 오해될 수 있으나, 실은 이러한 이분법적인
것보다 더 큰 유연성을 필요로 한다. 나에게 좋은 사람의 의미
는, 내가 지치거나 자아에 상처를 입었을 때조차도 누군가의 곁
에서 최선을 다하는 것이다. 다음 날까지 마쳐야 하는 큰 프로젝
트가 있는 상황에서 아이들이 당신을 찾을 때, 아이들과 시간을
보낸 후 다시 일하려고 한밤중에 일어나는 것이다. 화날 때도 다
른 사람에게 친절하게 구는 것, 무시당했다고 느낄 때 너그러워
지는 것이다. 인내는 선의 중요한 요소이다. 실패와 나쁜 행동,
실수와 실책을 인정하는 태도 역시 그렇다. 좋은 사람이 되는 것
은 자신이 가는 길에 어떤 방해물이 있더라도 스스로에게 몰두

하며 자신이 말한 것을 실천해나가려고 노력하는 것이다.

꧁꧂

좋은 사람은 베풀고 용서하며, 스스로 모든 사람이 완벽하지 않다는 것을 자각할 수 있는 도덕적 기준을 가지고 있다. 고난은 좋은 경험이다. 이것은 우리가 연민의 마음을 갖도록 해준다. 마치 바다의 고요함이나 거침과 같이, 지구의 중력으로 끊임없이 왔다 갔다 하며 균형을 유지하고 현실에 안주하지 않도록 해준다.

탈무드의 내용이다. "수정되는 순간에, 한 천사가 아이가 될 정액 한 방울을 신 앞으로 가져간다. '만물의 주인이시여, 이 정액 한 방울의 운명은 어떻게 될까요?' 천사는 물었다. '이것은 강한 사람으로 성장할까요 아니면 약한 사람으로 성장할까요? 부유한 사람이 될까요 아니면 가난한 사람이 될까요?' 그 천사는 악한 사람이 될지 아니면 도덕적으로 옳은 사람이 될지에 대한 질문은 하지 않았다."

이 질문은 왜 하지 않았을까? 왜 그 천사는 곧 태어날 아이가 악할지 혹은 선할지 신에게 묻지 않았을까? 왜냐하면 우리의 도덕적 선택의 책임은 우리의 유전적 구성도 아니고, 우리의 환경도 아니며, 심지어 신도 아닌, 바로 우리 자신에게 있다고 현자는 믿기 때문이다. 우리의 유전자 구성은 우리가 얼마나 키가 큰지 또는 얼마나 힘이 센지에 대한 부분, 아마도 얼마나 머리가 좋을지에 관한 부분까지는 관여하지만, 우리가 얼마나 선한 사람이 될 것인지에 대해서는 관여하지 않는다. 그것은 온전히 우리 자신에게 달려 있다.

여기 좋은 소식이 있다. 윤리적, 도덕적으로 행동하는 것, 다른 말로 하면 진심에서 우러난 친절한 행동은, 가까운 사람들에게서 더 친절한 행동을 이끌어낸다. 한 연구 프로젝트에 대해 생각해보자. 이 실험은 타이어가 펑크 난 차가 도로 옆에 서 있을 때, 지나가던 운전자들이 얼마나 이 곤경에 처한 운전자를 돕는가를 관찰하는 실험이었다. 이때, 어떤 운전자는 400미터 전에 누군가가 타이어 교환을 도와주는 모습을 봤고, 다른 운전자는 아무것도 보지 못했다. 그 결과, 이 두 운전자 그룹 중 400미터 전에 도움을 주고 있는 사람을 본 그룹이, 그렇지 않은 그룹보다 멈춰서 서 도움을 줄 가능성이 두 배 더 높은 것으로 밝혀졌다.

도움을 주는 사람, 너그러운 사람들은 다른 사람을 고무시키고 동기를 부여해준다. 이들은 우리 앞에 놓인, 우리가 할 수 있는 옳은 선택들을 상기시켜준다. 이들은 우리의 연민을 불러일으킨

**163**

다. 당신과 당신이 가장 사랑하는 사람들이 모래에 그려진 선 뒤에 서 있는 모습을 상상해보라. 반대 쪽으로 선을 넘는 사람들은 그들 스스로를 공정, 친절, 세심함, 연민에 헌신한다. 아직 아무도 움직이지 않고 있다. 모든 사람들이 취약함, 두려움, 이기심, 혹은 무관심에 발이 묶여 있다. 만약 당신이 먼저 용기를 내어 그 선을 넘으면, 아마도 그들 역시 당신의 뒤를 따를 것이다. 그들은 당신으로부터의 영감이 필요하다.

한번은 아버지가 계신 요양원 거실에 앉아서 한 자원봉사자와 대화를 나누었다. 그는 한때 영향력 있었던 은퇴한 변호사였다. 일주일에 두 번, 짬을 내어 요양원에서 민원 도우미로 자원봉사를 하고 있다고 했다. 불만 사항을 처리하고 입소자들과 그들의 가족들에게는 변호사 역할도 하는 것이 그의 일이었다.

"변호사 업계의 누군가가 이곳에 있는 나를 보면 무슨 생각을 할지 알고 있어요" 그가 나에게 말했다. "'그는 재계와 정계에서 타고난 협상가로 가장 높은 위치에 있던 영향력 있는 사람이었는데 지금 이런 요양원에서 자원봉사나 하고 있네' 이런 생각을 할 걸요."

"하지만 저쪽에 있는 저 남자분 보이시죠? 어제 사람들이 저분에게 점심을 가져다줄 때, 저 남자분 앞에 멜론 반쪽을 놔두고 갔다가 30분 후에 돌아와서 그대로 있는 걸 보고는 치우려고 했어요. 저는 그 여성분이 멜론 접시 치우는 걸 말리면서 말했어요. "이분은 뇌졸중 환자예요. 그런 식으로 멜론을 드실 수 없어요. 숟가락으로 떠서 놔드려야 해요." 여성분은 숟가락으로 멜론을 한 입 크기로 떠서 놓아드렸어요. 그러자 그 남자분은 천천히 숟가락을 내려 한 번에 한 조각씩 떠서 조심스럽게 드셨어요. 그분이 어제 멜론을 드시는 모습을 보던 것이 제 인생에서 가장 좋았던 순간 중에 하나로 꼽혀요." 그는 그렇게 말을 마쳤다.

점수를 매기지 않는 것. 친절에 대한 보답으로 자신이 받게 될 보상에 대한 걱정을 하지 않는 것. 변명을 하지 않는 것. 그냥 다른 사람에게 친절할 방법을 찾는 것. 그냥 단순한 선한 행동. 다른 사람이 따르도록 먼저 그 선의로 가는 선을 넘는 것. 당신의 인생에서 경험했던 좋은 사람. 당신 역시 연민의 마음으로 행동했던 순간에 대해서 사랑하는 이에게 말하라. 지금, 그리고 당신이 세상을 떠났을 때도, 사랑하는 이들이 모든 인간의 심장을 가르는 그 선과 악의 경계에서 올바른 쪽으로 건너갈 수 있도록 안내하라.

-

당신에게 '좋은 사람이 된다'는 것은
어떤 의미인가?

## 7장

# 사랑을 표현하고 있는가

시간이 이렇게 흐른 뒤에도 태양은 지구에게
"넌 나에게 빚졌어" 하고 절대 말하지 않는다.
그런 사랑으로 어떤 일이 일어나는지를 보라.
태양은 그 사랑으로 하늘 전체를 밝힌다.
하피즈Hafiz

때때로 나는 어린아이들 앞에서 유리 그릇 안에 설탕을 녹인 다음 아이들에게 그 물을 맛보라고 한다. "달아요." 그들은 즐겁게 손가락을 낄낄거리는 입속에 넣으면서 소리친다.

"왜 달까요?" 손바닥을 위로 올리고 어깨를 으쓱하며 나는 묻는다.

"거기다 설탕을 넣었으니까요." 그들은 소리친다.

"잠깐만, 이 물 안에 설탕이 있어요?" 나는 믿기지 않는다는 듯이 말한다.

"네 거기에 넣으셨잖아요. 저희가 봤어요!" 그들은 4살 먹은 힘을 다해 계속 소리친다.

"근데 설탕은 안 보이잖아요, 그럼 거기에 설탕이 있는지 어떻게 알아요?" 나는 큰 소리로 묻는다.

그런 다음 나는 어리둥절한 삐약이들에게 알려주고 싶은 교훈을 위해 다음 단계로 넘어간다. "자 각자의 코를 만져보세요" 나는 말한다. "자 이제 머리를 만져보세요. 이번엔 발가락, 그리고 귀" 아이들은 신이 나서 나의 말을 따른다. "자 집중해서 잘 들어보세요" 나는 천천히 말한다. 엄마, 아빠, 언니, 누나, 아니면 형, 오빠, 동생에 대해 여러분이 느끼는 사랑을 만져보세요" 교실은 조용해진다. 몇 명의 아이들은 자신의 가슴을 만져보지만, 대부분은 어리둥절한 표정이다. 그러면 나는 모든 세상의 진리 중에서도 가장 위대하고 아름다운 한 가지 사실에 대해 아이들에게 말하기에 이른다. 우리가 감정이라 부르는 것들은 만질 수도 볼 수도 없는 것들이지만, 그럼에도 그 무엇보다 실체적이라는 진리 말이다. 나는 감정은 모든 것들 중에 가장 중요하고, 모든 감정 중에 가장 중요한 것은 사랑이라고 아이들에게 말한다.

언젠가 이 소중한 존재들은 스스로 알게 될 것이다. 사랑은 볼 수도 만질 수도 없지만, 우리는 사랑으로 행동할 수 있으며 그렇게 함으로써 삶에서 가장 진실되고 의미 있는 순간들이 될 수 있다는 것을. 사랑은 무관심과 이기주의의 반대말이다. 나는 아내 벳시가 36살일 때 처음 만났고, 우리가 만났던 바로 그 순간은 마치 내 주변 공기의 흐름이 완전히 바뀌는 것 같았다. 그녀의 파란 눈은 나의 숨을 멎게 했고 지금도 그렇다. 내가 말했듯이 우리는 두 번째 데이트에서 결혼을 결심했다. 우리의 사랑은 자명한 것이었다. 그것은 우리가 함께 느끼는 감정이었고 여전히 그렇다. 그러나 그것은 단순한 느낌 이상의 훨씬 거대한 어떤 것이다. 사랑은 그녀가 아파서 화장실에서 토할 때 한밤중에 일어나 머리카락을 뒤에서 잡아주고, 그녀가 다시 침대로 돌아가면 그녀가 토해 놓은 것을 치우는 것이다. 사랑은 내가 척추 수술을 하고 몇 달 동안 너무 많은 진통제를 복용해서 우울증을 겪고 있던 순간에 벳시가 나를 위해 한 일들이다. 당시 나의 감정조절 장애는 너무 심해서, 만약 램프의 지니가 나에게 와서 "스티브, 당신이 원하는 소원은 무엇이든 이뤄드리겠습니다. 세계 평화, 엄청난 부, 암의 정복, 기아, 탄압과 고통의 종말, 자 무엇을 원하십니까?"라고 말했다면, 나는 "나 좀 냅둬!"라고 소리치고 이불을 머리 위로 뒤집어썼을 것이다. 당시에 내가 바라는 것은 그저 암흑 속에 있는 것이었다. 배가 고픈 경우도 드물었는데, 내가 유일하게 먹고 싶었던 것은 벳시가 만들어주는 구운 치즈 샌드위치였다. 벳시는 빵 두 장의 네 면에 버터와 약간의 마요네즈를 펴 바르고 그것을 적당한 치즈와 섞는다. 그런 다음 겉은 바삭하고 속은 촉촉하도록 완벽하게 굽는다. 이것이 벳시표 구운 샌드위치다. 몇 날, 몇 주, 몇 달을 어둠 속에서 지내는 동안 벳시는 나를 끌어안았고, 나를 안심시키는 샌드위치를 만들었고, 나를 화장실로 데려갔으며, 정신과 도움이 절실히 필요하다는 사실을 깨닫지 못한 나를 위해 정신과를 알아봤고, 내가 다시 일어설 때까지 참을성 있게 기다려주었다. 불평이나 짜증의 어떤 기미도 보이지 않고 말이다. 사랑은 이타적이며 관대한 것이다.

사랑은 나로 하여금 벳시를 웃게 하고 밤에 벳시의 발을 따뜻하게 해주고 싶게 만든다. 사랑은 우리의 아이들에 대해서 함께 걱정하는 것이고, 그날 하루가 스트레스와 논쟁으로 얼마나 고단했던지 간에 이불 속에서는 손을 잡고 있는 것이다. 사랑은 아내의 두 번째 유방절제술 후에 그녀의 소변통을 비우는 것이며, 나의 사랑은 흔들리지 않는다고 아내에게 말해주는 것이다. 사랑은 우리의 슬픔, 돈, 시간, 사명, 꿈, 실패를 서로 공유하는 것이다. 사랑은 섹스를 하는 것이고 하지 않는 것이며, 우리가 함께 있을 때 침묵해도 괜찮은 것이다. 사랑은 내가 아내를 위해 커피를 침대로 가져갈 때 아내가 잠옷 차림으로 있는 것이며, 이런 시간을 함께 보낸 후 서로를 바라보고 여기까지 무사히 함께 도착했음에 감사하며 서로에게 말하는 것이다. "우리는 늙었고 여전히 함께하고 있어."

벳시와 나는 혼자가 아니다. 사랑을 경험한 사람들은 알 것이다. 사랑을 시작하는 데는 어떤 마법이 필요하지만, 그것을 키우는 데는 이타심이 필요하다는 것을 말이다. 이제 읽게 될 '사랑이란 무엇인가?'라는 질문에 거의 모든 대답은 그러한 이타심의 요소를 포함하고 있다. 상대방의 요구와 필요를 매번 자신보다 우선시하는 그 이타심 말이다. 여기서 다른 사람이란 우리의 인생의 반려자뿐만 아니라 부모, 아이들, 형제자매, 가족, 친구, 동료 그리고 반려동물이 될 수도 있다.

대부분의 사람들은 희생을 손실이라고 생각한다. 우리는 "그것은 끔찍한 희생이었어요" 혹은 "그는 숭고한 희생을 했습니다"와 같은 말들을 한다. 그러나 우리의 조상이 희생을 대하는 방식은 그 반대였으며, 나는 그것이 훨씬 더 진리에 가깝다고 생각한다. 희생의 의미를 가진 성경 단어는 'Korban'이다. 그것의 어원적 의미는 가깝게 끌어당기는 것, 가까이 있는 것을 뜻한다. 희생은 자신을 신에게로 더 가까이 가게 만드는 고대인들의 방법이었다. 그것은 또한 우리 인간이 서로를 더 가깝게 끌어당기는 방법이기도 하다. 어떤 사람들은 우리가 사랑하기 때문에 희생한다고 말한다. 사랑하는 것은 주는 것이다. 그것은 가장 이타적이고 신성한 것이고, 단순하고 순수하며, 보이지 않지만 느껴지고, 설탕처럼 달콤하다.

∽

사랑은 행동이다.

∽

사랑은 당신이 먹고 싶지 않지만, 남편이 좋아하는 음식을 만들기 위해 식료품점에서 재료를 사는 것이다. 사랑은 아이들이 당신을 부를 때, 모든 일을 내려놓고 달려가는 것이다. 사랑은 당신보다 다른 누군가를 먼저 생각하는 것이다.

∽

본질적으로, 사랑은 타인에게서 인간성과 의미를 발견하는 것이다. 사랑은 자신이 가진 것보다 더 많은 것을 타인에게 나누어 주고도 평온함을 느끼는 것이다. 사랑은 자기 자신을 희생하고 내어주어 타인과 그리고 주변 세계와 연결되는 것이다. 사랑은 자신의 일부를 내어주고 내면의 평화를 찾는 것을 의미한다.

사랑은 그 어떤 것보다 타인의 요구를 우선순위에 두게 하는, 설명할 수 없는 에너지다. 사랑은 증오를 용서로 녹여낼 수 있는 힘이다. 사랑은 증오를 녹이고 영혼의 상처를 치유한다. 사랑은 자기중심적이라는 속박에서의 해방이다.

사랑은 누군가가 당신에게 헌신하는 태도이며 행동이다. 만약 당신이 따뜻함과 포근함을 동시에 느낄 수 있다면 좋지 않겠는가! 하지만 사랑은 꽃이지 비단은 아니다. 예쁜 비단 위에 꽃을 더하면 더할 나위 없이 좋겠지만, 비단이 없는데 꽃만 더하려는 경우가 있다. 나를 믿지 못하겠다면 서로에게 사랑해달라 요구하기만 할 때 사람들이 어느 정도로 잔혹해질 수 있는지 잠시 생각해보라.

모건 스콧 펙M. Scott Peck (정신과 의사이며《아직도 가야 할 길(The Road Less Traveled)》의 저자)이 정의한 대로, 사랑은 나와 타인의 정신적 성장을 위해, 자신의 한계와 경계를 넘는 일이다. 사랑은 타인을 공격하려고 그들의 약점을 이용하지 않는 것이며, 타인 안의 신을 만나는 일이다.

✍

사랑이란, 좋을 때나 나쁠 때나 다른 사람들의 평가 없이, 당신이 있는 그대로의 당신일 수 있는 자유와 편안함이다.

✍

사랑은 그것이 향하는 대상에 따라 달라지지만, 대체적으로 자신보다 상대방을 더 소중히 여기는 감정이다. 세상을 떠난 남편에 대한 나의 사랑은, 그를 볼 때마다 느껴지는 내 가슴의 두근거림이었고, 그의 눈 안에서 보았던 빛이었다. 나의 사랑은 삶이 아무리 힘들어도 힘든 시간을 함께 이겨내고 행복한 시간을 함께 축복하고 싶은 사람이 바로 그라는 것을 느끼게 하는 감정이다.

내 아이들에 대한 사랑은, 내가 그들과 함께하는 동안 그들을 위험, 장애물, 상처로부터 보호하고 싶은 감정이다. 아이들이 평온한 삶을 누리기를 축복하는 마음이다.

사랑은 소속감이며, 안정감이고, 당신이 최선의 자아, 지금보다 더 나은 사람이 될 수 있다고 느끼게 해주는 감정이다. 당신의 마음의 문을 열어줌으로써 마음을 더욱 확장시키는 감정이다. 그것은 교감, 평등, 존중, 관심과 헌신의 감정이다. 누군가에게 힘이 되어주려는 감정이며, 그 사람도 당신의 힘이 되어주고 있다는 것을 아는 것이다.

고린도전서 13장 4절-8절 부분을 읽어보라. '사랑은 오래 참고, 사랑은 온유하며, 사랑은 투기하지 않으며, 뽐내지 않으며, 교만하지 않으며, 무례하게 행동하지 않는다. 자기의 유익을 구하지 않으며, 화내지 않으며, 악한 것을 생각지 않으며, 불의를 기뻐하지 않으며, 진리를 기뻐한다.'

사랑은 좋을 때나 나쁠 때나 함께 견뎌내며, 그 사람을 절대 포기하지 않는 용기 있는 행위이다.

✍

사랑은 남을 판단하고 평가하려는 나의 끊임없는 욕구를 멈추게 한다. 사랑은 그냥 존재하는 것이다. 사랑에 대해 설명하려 하면 그 의미가 줄어든다.

✍

사랑은 삶에서 당신을 행복하고 충만하게 하는, 다른 사람, 다른 존재(예를 들어 반려동물)와 나누는 감정이자 헌신의 표현이다.

✍

나에게 사랑은 갓 태어난 내 딸이 모유를 먹고 나서 나의 가슴에 그녀의 작은 귀를 비비며 파고들 때 내가 느꼈던 절대적인 평화와 존재감이다.

지금 이 순간의 순수한 교감이다.

✍

사랑이 아닌 것을 말하는 것이 더 쉽다. 사랑은 자신에게 집중하는 짝사랑이 아니다. 이타주의 또한 어느 정도는 자신에게 초점이 맞춰져 있기 때문에 사랑은 완전히 이타적인 어떤 것도 아니다. 사랑은 자신을 희생하면서도 타인에게 집중하는 것이다. 때때로 헌신, 유대감, 서로 의지하는 마음, 자신을 넘어 다른 것을 생각하는 어떤 마음은 모두 사랑에서 나온다.

❧

이상적인 사랑은 상대방을 소유하려 들지 않으며, 포용하는 마음이다. 상대방을 제한하려 하지 않으며, 약점을 수용하고 인내하는 마음이다. 주의를 기울이고 들어주는 마음이고, 서로의 차이를 인정하는 마음이다. 존중을 바탕으로 친밀감을 나누는 마음이며, 서로에게 감사하는 마음이다.

❧

나에게 사랑은 수용을 의미한다. 적어도 다른 사람의 요구를 나 자신의 것보다 우선시하는 것을 의미한다. 사랑은 관계의 종류에 따라 다른 형태로 나타난다. 때로는 사랑하는 사람이 마음에 들지 않을 수도 있다(부모라면 누구나 잘 아는 진리이다). 사랑은 때로는 혼란스럽고 황당하며, 기쁨과 실망, 아픔도 함께한다. 하지만 어떤 사랑이든 상호간에 이루어진다면 가치 있는 사랑이라 할 수 있다.

당신이 누군가를 자신보다 우선순위에 두고 싶을 때, 그 마음을
갖게 한 사람에 대한 당신의 특별한 감정이 바로 사랑이다.

∽

나는 이 질문을 사랑한다. 사랑이 무엇인지는 고린도전서에 잘
설명되어 있다. 그러나 나는 마야 문화에서의 사랑을 살펴봤다.
마야 문명에서 사랑은 'ala kesh ala kin'이라는 인사말에 잘 정
의되어 있다. 이 인사말에는 "내가 당신 안에서 본 빛은 내 안의
빛과 같다"라는 의미가 담겨 있다. 그 시대의 현자는 우리 모두
가 사랑으로 빚어진다고 말하고 있으며 나는 그 말을 믿는다. 또
한 우리가 우리 안의 이 빛에 연결되어 있을 때, 서로의 안에 있
는 그 빛을 볼 수 있다는 것도 믿는다. 무엇보다도 사랑은 약해
지는 마음이며 인간애, 연민, 수용, 경외, 공평, 공정, 그리고 우
리를 둘러싼 모든 아름다움과 기적에 대한 인식이다. 사랑은 고
통이나 상실이 있을 때조차도 상승하는 내면의 힘이다. 사랑은
내가 가끔 신이라고 생각하는 힘이다. 그 힘은 항상 희망이 있다
고 나에게 말한다. 나는 우리에게는 어림도 없는 수백 년을 살아
남은 자연, 광활한 대양, 우뚝 솟은 산봉우리에 대한 경외심에서

도 사랑을 느낀다.

❧

사랑은 당신이 우울할 때, 당신의 무릎에 코를 묻으며 파고드는 당신의 소중한 반려견의 포근함이다. 사랑은 멋진 요리를 해서 한 잔의 좋은 와인과 함께, 당신을 이해하며 당신에게 소속감을 주는 소중한 친구나 가족과 함께 나누는 일이다. 사랑은 우리에게 삶이 즐겁다는 것을 상기시켜주는 웃음과 미소다. 사랑은 깊은 관심과 교감, 친밀감, 나눔, 그리고 중요한 순간이나 그렇지 않은 순간에도 곁에 있어 주는 것이다. 사랑은 내 아이가 말대꾸할 때조차도 사랑한다고 느끼는 것이다. 사랑은 삶의 원동력이자 우리가 이 세상에 있어야 할 유일한 이유이다.

❧

사랑은 무조건적이다. 당신이 누군가를 사랑할 때면 좋든 나쁘든 상대방을 있는 그대로 받아들이게 된다. 당신이 정말 어떤 감정인지 확실하지 않더라도 미안하다고 말하는 것이 사랑이다. 사랑은 그냥 느낌이다. 생각할 필요가 없다. 그냥 느끼는 것이다. 만약 당신이 그 감정에 대해 생각해봐야 한다면 그것은 아마도 사랑이 아닐지도 모른다.

⁂

나는 나의 반려견들에게서 무조건적인 사랑을 배웠다. 특히 우리가 처음 입양했던 강아지 릴리에게서 말이다. 릴리는 거의 매일 내가 일하러 나갈 때마다 문 근처에 서서 자기를 데려가지 않고 혼자 외출할 것인지 눈으로 물으며 나를 바라본다. 그러면 나는 릴리에게 너를 혼자 두고 나가는 일은 너무나 힘들지만 어쩔 수 없다고 말해준다. 내가 집에 돌아오면, 릴리는 나에게 달려와 저녁 내내 내가 가는 곳마다 따라다닌다. 조건 없이, 자신을 놔두고 나가는 것에 대한 원망도 없이, 그냥 사랑을 준다. 무조건적인 사랑을 받는 것은 끝내주는 기분이다.

귀도 먹고 눈도 멀어버리고 치매까지 앓고 있는 18살 된 우리 강아지 로지를 생각해본다. 고맙게도 로지는 고통을 느끼지는 않는다. 그럼에도 낮과 밤, 밤과 낮을 혼동한다. 벳시와 나는 하루에도 몇 차례씩 로지를 안심시키려고 밖으로 데리고 나가야 한다. 한밤중에 로지가 이유 없이 낑낑거리면 난 종종 잠에서 깨어 로지 옆에 함께 있어 준다. 로지는 심장 판막에 문제가 있어서 하루에 두 번 약을 먹는다. 가끔 집 안을 돌아다니며 여기저기 머리를 부딪치기도 한다. 때때로 자기도 모르게 소변을 여기저기 흘리기도 한다. 오늘 아침, 나는 자고 있는 로지를 품에 안고 그 작은 심장이 뛰는 소리를 들었다. 로지가 우리 가족을 기쁘게 해준 모든 순간들을 생각했다. 특히 아이들이 어렸을 때 로지는 많은 기쁨을 주었다. 내가 슬프고 지쳤을 때는 그것을 알아차리고 내 곁에 있어주었고, 내가 심하게 아팠을 때는 몇 달 동안 내 옆을 떠나지 않고 나를 위로해주었다. 로지는 내가 좋은 아파트에 사는 사람이든, 길에서 박스를 집 삼아 사는 노숙자이든 상관없이, 나를 사랑했을 것이다. 나는 지금 로지가 나를 필요로 하기 때문에 옆에 있는 것이 아니다. 로지의 연약한 모습은 그녀를 더욱 사랑하게 만들었다.

자신의 반려동물에 대해 이런 감정을 느끼는 사람이 나만이 아니라는 것을 알고 있다. 인간과 우리가 사랑하는 반려동물의 중요한 차이는, 반려동물들은 우리가 그들을 사랑하는 이유에 대해서는 관심이 없다는 것이다. 관심이 있다 해도 우리는 이유를 말하지 않았을 것이다. 드물게든 자주든, 사람들은 서로에게 '사랑해'라는 말을 한다. 그러나 대부분 그 이유는 말하지 않는다. 중요한 질문은 이것이다. "왜 하지 않는가?" 바로 지금이 사랑하는 사람들에게 사랑하는 이유를 알게 할 시간이다. 서로에 대한 사랑을 키워온 그 세월 동안, 서로의 희생에 대한 감사의 마음을 표현하라. 사랑하는 이들에게 그들이 당신을 어떻게 웃게 했는지 말하라. 그들이 당신에게 어떤 의미인지, 그리고 왜 그런지 말하라. 그러면 서로에 대한 사랑은 오늘과 내일뿐만 아니라 당신이 세상을 떠난 후에도 오랫동안 지속될 것이다.

**당신이 답해야 할 일곱 번째 질문**

-

## 가족과 친구에게
## 사랑을 표현하고 있는가?

_____

_____

_____

_____

_____

_____

_____

_____

_____

_____

_____

_____

_____

_____

## 8장

# 누군가와 관계를
# 끊었던 경험이 있는가

왜 소금이 민달팽이에게 작용하는지 아는가? 소금
이 민달팽이 피부의 일부를 이루는 물에서 녹기 때
문이다. 민달팽이가 소금을 만나면 몸 안에 있는
수분이 밖으로 흘러나와 결국 탈수된다. 달팽이와
거머리도 마찬가지다. 그리고 나 같은 사람에게도.
스스로 일어서야 하는 정말 너무 야윈 살아 있는
것들에게도.

**조디 피콜트** Jodi Picoult

나의 지난 책의 특정 단락과 관련해 연락해
오는 사람들이 많아서 놀랐다. 그들은 나에게 대부분의 사람들이
말하지 않는 진실을 말해줘서 감사하다고 말했다. 그것은 내가 살
아오면서 배운, 그리고 오랜 시간 타인의 불안을 가라앉히는 데
도움을 주면서 깨달은, 어떤 두려움에 관한 것이다. 이 장에서 우
리가 다루는 두려움은, 사실 사람들이 짐작하고 있는 것보다도 더
자주 우리 안에서 일어나는 감정이다. 그것은 연락을 끊은 누군가
가 죽었을 때, 우리가 느낄지도 모르는 죄책감을 상상할 때의 감

정이다. 보통은 다음과 같은 상황에서 두려움을 느낀다. "저는 엄마와 몇 년째 연락을 끊었어요. 엄마는 냉정한 사람이었고 제 인생을 엄마 맘대로 휘둘렀어요. 어렸을 때도 성인이 되어서도 엄마와 함께 있을 때면 엄마는 제 말을 전혀 들어주지 않았고, 저를 있는 그대로 존중하지도 않았어요. 이런 엄마 때문에 결국 좌절감을 느꼈고 제 자신을 끔찍하게 여기는 상황까지 갔어요. 그러나 엄마가 죽음을 목전에 둔 지금은, 제가 나중에 엄마와 화해하지 않은 것을 후회하게 될까 봐 두려워요."

"글쎄요." 이것이 나의 솔직한 반응이다. "아마 안도감을 느끼실 거예요." 사람들은 종종 이 말을 듣고는 놀란다. 그러나 진실은 어떤 사람이 당신에게 지속적으로 상처와 실망을 주었다면, 죽어가는 상황에서도 똑같이 상처와 실망을 줄 가능성이 있다는 것이다. 사람이 죽어간다고 해서 새로운 인격을 갖게 되진 않는다. 당신도, 그녀도, 대부분의 사람이 그렇다.

나의 엄마는 40년 이상 외할아버지와 연락을 끊고 지냈다. 내 어린 시절의 일부였던 외할아버지는 어느 날 갑자기 내 삶에서 사라졌다. 엄마는 우리의 인생에서 그를 끊어낸 정확한 이유를 말해주지 않았다. 엄마가 유일하게 한 말은 "외할아버지는 공격적이고 무식한 사람이었어"이다. 나중에 알게 된 사실은, 엄마는 어렸을 때 외할아버지가 나의 삼촌들을 때리는 것을 보았고, 외할머니는 내가 어렸을 때 정신 질환으로 고생하다가 결국에는 자살로 생을 마감하셨다는 사실이다. 외할아버지에 대한 모든 것이 엄마에게 는 고통인 것처럼 보였다. 그리고 마침내 어느 날, 엄마는 자신을 지키기 위해 인생에서 당신의 아버지를 내보냈다. 그때 나는 너무 어렸고, 그러한 엄마의 결정은 나와 내 형제자매들에게 부모로서 보이지 말아야 할 나쁜 행동이라고 생각했다. 원래 가족이 우선이 어야 하지 않은가?

외할아버지를 마지막으로 본 지 30년이 넘게 지난 후에, 나는 할아버지를 찾아가 보기로 결심했다. 나는 그때 해결하지 못한 감 정을 돌봐야 하는 중요성에 대해 사람들에게 조언을 하곤 했었는 데, 나 역시도 이 조언을 받아들여야 한다는 것을 깨달았다. 외할 아버지는 여전히 수십 년 전 내가 마지막으로 만났던 미네아폴리 스의 그 작은 집에 살고 계셨다. 나는 할아버지에게 편지를 쓰고, 전화번호를 받아 연락한 후에 집을 방문했다. 그리고 나의 엄마가 옳았다는 것을 알기까지 그렇게 오랜 시간이 걸리지 않았다. 오래 전 엄마는 자신을 지킬 것인지 아니면 자신의 아버지로 인해 자존 감에 상처를 입고 감정적으로 무너진 삶을 살아갈 것인지 선택했 어야만 했다는 것을 알게 되었다.

나는 지금 대하기 어려운 사람이나 당신을 화나게 하는 사람과는 관계를 유지할 필요가 없다고 말하는 것이 아니다. 만약 그랬다면 지구상에 결혼생활을 하고 있는 사람은 아마도 없을 것이다. 나는 매우 드물고 극단적인 어떤 사람을 말하는 것이다. 그런 사람들은 당신의 건강하고 평안한 삶에 독이 된다. 사랑하는 이들에게 해줄 이야기를 위해 내가 왜 이 질문을 포함시켰는지 당신은 궁금해할지도 모르겠다. 이유는 그 대답이 훨씬 더 크고 중요한 진리를 말하고 있기 때문이다. 그 진리는, 우리가 용기 있게 그리고 때로는 고통스럽게, 우리 자신을 지켜야 할 순간들이 있다는 사실이다.

이것은 내 입으로 말하기 매우 어려운 부분이었다. 왜냐하면 나의 개인적 삶과 직업적 삶은 서로 너무 얽혀 있기 때문이다. 대부분의 경우, 나를 비하하거나 상처 주는 누군가와 관계를 끊는 것은, 내가 봉사하고 돌볼 의무가 있는 나의 신도인 누군가와의 관계를 끊는 것을 의미한다. 게다가 성직자는 천천히 분노하고 빠르게 용서하며 마음의 상처로 인해 거칠게 행동하는 사람들을 이해하고 그들에게 공감해주어야 한다고 생각하기 때문에, 누군가와의 관계를 끊는다는 것은 나에게 결코 쉬운 일이 아니다. 우리 같은 성직자들에게 사람들과(심지어 힘과 부를 가진 한 사람과도)

관계 맺기를 거부하는 것은, 자신의 교구에서 종신직을 유지하지 못한다는 의미를 갖기도 한다는 것이 또 다른 이유이다. 랍비 일을 하는 동안 대부분의 사람들은 나에게 친절했고 감사했으며 존경심을 표현해주었다. 하지만 몇몇 사람들은 나에 대해서 험담하거나 거짓말을 했고, 부당하게 비판하기도 하고, 심지어 잔인하게 굴기도 했다. 솔직히 말하면 성직자로서 나는 매 순간 굴욕을 참거나 반대로 스스로를 지켜낸 결과를 감수하거나, 둘 중 하나를 선택해야 한다. 나이가 들수록 불친절한 사람들을 참고 견딜 의지가 사라진다. 나 자신을 지키는 일에 능숙해지고 있는 중이다. 이것이 내가 더 빨리 배웠으면 좋았을 관계에 대한 진리이다.

나는 인연을 끊거나, 인연을 보내주거나, 좋지 않은 관계에서 벗어난 경험을 기꺼이 이야기해줄 사람들을 찾았다. 우리는 모두 서로에게서 배워야만 한다.

❦

아, 이것은 고통스러운 일이다. 누구도 포기하지 않는 것과, 불평 없이 누군가의 최악의 행동을 참아주는 것 사이에는 큰 간극이 있다. 그렇다. 나의 인생에 들여놓지 말았어야 할 사람들이 분명히 있다. 보고 싶지 않은 내면의 어떤 것을 직면하게 하는 그 사람 때문에, 내가 지금 상처받고 있지는 않은지 스스로에게 물어보고 솔직해지는 것이 매우 중요하다. 그것이 당신의 인생에서 그 사람을 끊어내야 할 이유는 아니다. 하지만 혼란을 초래하는 사람이 있을 때 그 혼란을 해결하지 않고 못 본 척 넘어가 주는 것으로 그 사람이나 당신 자신에게 좋은 일을 하고 있다고 생각하는 것은 큰 착각이다. 우리가 누군가의 마지막 희망일 것이라고 생각하기 때문에 그 자리에 있는 것은 아닌가? 하지만 그것은 그냥 자기중심적인 생각이며 누구에게도 실제로 득이 되는 일이 아니다. 내가 가장 극적으로 성장하는 때는, 내가 분명하고 용감하게 "너희는 절대 여길 지나갈 수 없어!"(영화 〈반지의 제왕: 반지원정대〉에서 간달프가 악마에게 한 대사)라고 말하는 순간들이었다.

◈

나의 존재 의식에 유해하거나, 가장 근원적인 부분에 악영향을 주는 사람들을 인생에서 끊어내야 했다. 당신에게 이롭지 않은 사람을 판단하는 열쇠는, 당신이 그들에게서 바라는 모습이 아닌, 있는 그대로의 그들의 모습을 보는 것이다. 그들은 좋은 사람일지도 모른다. 단지 당신에게 이롭지 않을 뿐이다.

189

가끔 당신 자신과 상대방에게 선물이 되는 작별이 있다. 사람들은 필연적인 이유가 있어서 잠시 혹은 평생 우리 삶으로 들어온다고 믿는다. 그러나 때때로 헤어짐이 필요하다. 절대 쉬운 일은 아니지만 말이다. 누군가와의 관계가 내가 더 나은 사람으로 성장하는 데 방해가 된다면, 그때가 바로 작별의 시간이다.

나는 인연을 끊어내야 할 정도로 나에게 독이 되는 관계를 가져본 적은 없다. 그러나 가끔 거의 끊어질 정도까지 팽팽하게 끈을 당겨본 적은 있다. 그것은 사람에 대한 문제는 아니고, 상황에 관한 문제였다. 관계가 상황이나 환경에 따라 달라질 수 있다고 믿고 싶지는 않지만, 사실이 그렇다. 대신 상황을 뛰어넘는 관계를 유지하기 위해 서로 엄청난 노력이 필요하다. 하지만 그것은 많은 에너지와 시간을 소비하는 일이어서 항상 그렇게 할수는 없다. 간단히 말하면, 결혼이 그렇게 힘든 이유 중 하나가 바로 이것이다. 어떤 일이 일어나더라도 항상 관계를 우선시해야 한다.

누군가를 내 인생에서 끊어낸 것보다, 누군가가 그들의 인생에서 나를 끊어낸 경우가 더 많다. 연인에게 헤어짐을 통보받았을 경우에는, 대부분 주위의 위로와 도움을 받았다. 친구에게 절교당한 경우도 있었는데, 이 상황은 파악하고 받아들이기가 더 어려웠다. 그리고 주위의 도움도 거의 받지 못했다. 대부분의 경우, 친구와 관계를 끊으려고 할 때는 상대가 눈치를 챌 때까지 계속 피하는 방식으로 인연을 끊는다. 하지만 나는 나의 소중한 이성친구에게서 '소중한 자넷에게'라는 말로 시작하는 편지를 받았다. 나는 그에게 고통이었고, 그는 우리의 관계에서 자신이 진정으로 원하는 것을 얻지 못하고 있었다. 그가 떠난 것은 현명했으며 자신을 지키기 위한 일이었다.

나는 연인 사이에 '세 번 실패하면 끝' 규칙이 적용되어야 한다고 생각한다. 우리는 종종 서로에게 건설적이지 않은 관계에 끌려가기도 한다. 만약 당신이 그중 한 명이고 아직 연인을 사랑한다면, 긍정적인 신호작용으로 바꿀 수 있는 기회를 3번 주어라. 그리고 서로가 진심으로 그 관계를 유지하고 싶어 한다면 전문가와의 상담을 병행할 수도 있다. 그러고 나서도 개선의 여지가 없다면 그때는 그 인연을 보내라. 절대 건강해질 수 없는 관계를 끊고 가기에 인생은 너무 짧다. 나는 이상적인 친구를 연인만큼 매우 소중히 여긴다. 그런 점에서 나는 같은 규칙을 친구 관계에도 적용해야 한다고 생각한다.

꿈

대학시절에 만난 오랜 친구가 뒤에서 내 험담을 하고 다니고, 내 전 남자친구와 사귀기 시작했다는 말을 들었을 때, 나는 그녀와의 관계를 끝내야 했다. 내가 그녀를 용서한다 하더라도 그녀가 나를 친구로 생각하고 있는지에 대한 믿음을 다시 갖기는 어렵다고 생각했다. 그래서 그녀에게 편지를 보내 관계를 정리했다. 하지만 다른 사람에게 편지를 보내는 방식을 추천하고 싶진 않다(이때는 아직 이메일이나 문자 메시지 개념이 나오기 전이었다). 나는 그녀에게 변명할 기회를 주지 않았다. 그녀의 입장을 들었다 해도 내 마음을 바꾸지는 않았겠지만, 그렇게 하는 것이 조금 더 타당한 것이었다. 나는 사랑하는 사람들에게 이 말을 해줄 것이다. 당신의 삶에서 끊어내야 할 누군가가 있다면 그 사람에게 어떤 말을 할지 생각해봐야 한다고 말이다. 생각해서 그 말을 연습하라고. 그런 다음 전화로 혹은 직접 만나서 그 사람에게 이야기하라고. 잠수 이별은 책임 회피나 다름없다. 문자로 이별을 전하는 것은 무례하다. 늘 솔직하고, 명확하고, 차분한 대화가 최선이다.

⌇

나는 거의 모든 전 연인들과 친구로 지내고 있다. 앞으로 가족과 관계를 끊을 일도 없을 것이다. 사람들이 힘든 일을 겪고 있을 때는 잠시 교류를 중단하기도 한다. 하지만 그럴 때에도 나는 늘 그들에게 돌아가거나, 돌아가기 위해 여기 있다는 것을 알리곤 한다. 심지어 이른바 최악의 적에게도 연락선을 열어 둔다. 오래되어 차가워진 숯이 다시 따뜻해지기를 기대하면서.

⌇

나는 내 인생에서 가장 친한 친구와 인연을 끊어야 했다. 우리는 어렸을 때 만났고 자라면서 서로 변했다. 관계를 끝냈다고 해서 그들을 미워해야 하거나 잘못되기를 빌어야 하는 것은 아니다. 편안함과 사랑으로 그들을 보내주어라.

⌇

우리 아들이 이혼했을 때, 며느리는 나와 내 아내와는 관계를 유지하고 싶어 했다. 이혼을 둘러싼 사실 관계를 고려해볼 때 우리는 며느리의 행동이 기본적으로 용인될 수 있는 선을 넘었다고 느꼈다. 우리가 며느리와 좋은 관계를 가졌던 만큼, 더욱 그녀의 행동을 무시할 수 없었다. 우리 가족과 우리 가족의 가치관에 그녀가 준 상처는 너무 컸다.

❧

물론 관계를 끊어본 적이 있다. 그리고 나는 "당연한 거 아닌가?"라는 말도 덧붙이려고 한다. 친구 관계를 정리하려고 할 때 흔히 하는 조용히 멀어지는 방식이 아닌, 직접적으로 완전히 끊어내는 방식을 선택했었다. 그 관계에 해롭고 위험한 어떤 것이 있었기 때문이다. 만약 누군가가 당신이 하루를 버티게 해주는 보호벽을 부수려고 한다면, 그것이 당신을 위한 것인지 단순히 적대적인 것인지 생각해봐야 한다. 설령 그것이 좋은 목적이었다고 해도, 상대방이 원치 않는 시도는 성공하기 힘들다.

❧

남편을 나의 인생에서 내보내는 것이 가장 힘들었다. 그를 사랑하지 않았기 때문에 그런 것이 아니다. 그를 사랑했다. 그 이별이 힘들었던 이유는, 내가 원하는 삶을 위해서는 그가 곁에 없어야 한다는 것을 알았기 때문이다. 나는 내 가치관과 더 이상 맞지 않은 친구들과의 관계에 있어서도 힘든 선택을 했다. 나의 딸 역시 비슷한 어려움이 있었고, 우리는 누군가와 작별할 시간이라고 느낄 때마다 서로의 선택에 대해 이야기를 나누었다. 그것이 화나거나 언짢은 일일 필요는 없다. 그것은 당신의 신념, 가치관, 그리고 존재 의식이 분명해진 결과이다. 당신이 관계 속에서 좋은 감정, 건강함, 긍정의 감정, 신뢰감, 혹은 인정받는다는 감정을 더 이상 느끼지 못하고, 당신이 할 수 있는 모든 것을 했지만 변화가 없을 때는 그 관계에서 벗어나도 괜찮다.

나는 이 말을 자주 인용한다. "자신에게 진실하기 위해 기꺼이 당신에 대한 타인의 기대를 배신하라."

∽

나와 사업적으로 얽혀 있는 친한 친구가 나를 배신했다. 내가 하지도 않은 일에 대해서 다른 사람들로부터 비난받게 만들었다. 나는 너무 크게 상처받았지만, 우리의 오랜 관계 때문에 그녀의 행동을 그럴 수도 있는 일로 정당화하며 나 자신과 다른 사람들을 이해시키려고 했다. 우리의 우정이 건강하지 못한 행동 패턴을 가지고 있다는 사실을 깨닫게 해준 것은 남편이었다. 나는 그 관계를 끝내기로 결정했다. 그리고 그렇게 하자 숨이 제대로 쉬어졌고, 몸에 긴장이 풀렸으며, 나의 의견을 피력하는 데 더 자신감이 생겼다. 나는 딸들에게 이 이야기를 자주 한다. 언제나 정직하게 살고 자신의 가치를 지키는 것이 중요하다는 사실을 아이들이 알았으면 하기 때문이다.

⁓

나에게는 인연을 끊어야 했던 친구가 있었다. 내가 아이들을 갖기 전, 조금 더 어렸을 때의 일이다. 이 친구와 당시 그녀의 남자친구는 우리 가족의 삶에서 매우 중요한 역할을 했다. 솔직히 말해 내 삶에서 그들을 잃는 것은 고통스러운 일이었지만, 나는 우리의 관계가 굉장히 불균형적이고 건강하지 않다는 것을 인정해야 했다. 시간이 지나면서 모든 관계는 변하기 마련이다. 우리도 누군가와 함께 변화하고 성장할 수 있어야만이 관계가 지속되고 깊어질 수 있다는 것이, 내가 가족들에게 전하고 싶은 진리이다. 때때로 건강하지 않고 독이 되는 관계는 정리해도 된다는 말도 전하고 싶다.

〰

물론 나도 어떤 사람들에게서 벗어나야만 했던 적이 있다. 슬프게도 그들 중에는 가족도 있다. 그런 경험으로부터 내가 배운 것은, 안타깝게도 우리에게는 회복할 수 없는 관계도 있으며 그런 관계는 그대로 두어도 괜찮다는 사실이다. 그런다고 해서 당신이나 상대가 나쁜 사람이 되는 것은 아니라고 생각한다. 그냥 관계는 가끔 그런 식으로 끝나기도 한다.

내가 전하고 싶은 말은, 너무 쉽게 포기하지는 말라는 것이다. 좋은 관계를 유지하기 위해 최선을 다해 노력해보고, 그 관계를 그만두어야 하는 시점에서는 자책하지 말아야 한다. 한때 사랑했지만 사이가 멀어진 사람에게 악담하지 말고 그들에게 좋은 일만 있기를 바라는 마음을 가져라.

〰

다행히도 우리는 무언가 실수했을 때 그것에 대한 책임을 질 수 있고, 사과할 수 있고, 바로잡을 수 있다. 그렇게 함으로써, 우리는 우리의 관계 속으로 같은 유형의 사람을 끌어들인다. 하지만 때로는 삶에서 우리를 이용하거나 배신하는 사람과 관계를 맺기도 한다. 누군가가 당신에게 그런 모습을 보인다면 그들을 놓아주는 것이 좋다.

◆

원한을 품지 말라. 지나간 일은 떨쳐내고 앞으로 나아가라. 당신
의 삶에서 그 사람이 왜 중요하지 않은지를 생각하라.

내 친구 리치의 고모는, 리치의 아버지와 함께 2차 세계대전에서
살아남은 아버지의 유일한 직계 가족이었다. 미모와 센스를 겸비
한 고모는 자신과 자신의 동생을 그 어려운 상황에서 구해냈고,
그 사실을 동생에게 지속적으로 세뇌시켰다. 그녀는 자신의 힘으
로 할 수 있는 모든 방법을 동원해 그를 통제하려 했다. 그가 성공
할 정도로 영리하지 않다는 말을 자주 했는데, 슬프게도 그는 그
말을 믿게 되었다. 그녀는 리치의 엄마에게도 역시 모질게 굴고
무시했다.

리치에게는 고모와 연락을 끊게 된 결정적 계기가 있었다. 어
느 날 저녁, 리치의 아버지는 리치의 형인 아이작의 학업적 성취
를 자랑하기 위해 고모와 전화 통화를 하고 있었다. 아이작은 당
시 14살이었고 굉장히 똑똑했다. 아버지의 아들 자랑에 대한 고모
의 대답은 "리치 그 아이는 어쩌니. 뭐라도 하겠니?"였다. 리치는

고모의 그 말에 갑자기 엄마가 고모에게 소리치기 시작했던 것을 기억한다. 그러나 당시 리치는 7살이었고, 아마도 고모 말이 맞을지도 모른다고 생각했다. 형이 가족의 모든 똑똑한 유전자를 가져갔고, 자신은 고모가 주장했던 실패한 아버지의 모습을 닮았을지도 모른다고 말이다.

"너는 뭐든지 할 수 있는 아이"라고 엄마가 말했음에도 아직 불안정한 7살 아이는 자신에 대한 어른들의 이중적인 평가 때문에 혼란스러웠고, 어떤 모습이 진짜 자기인지 확신할 수 없었다. 그러나 어쨌든 리치는 다시는 고모와 연락하지 않았고 그녀의 말이 틀렸다는 것을 증명하기 위해 할 수 있는 모든 것을 하겠다고 결심했다. "고모가 살아계실 때 성공한 모습을 보여드린 것이 내 삶에서 가장 기쁜 일 중 하나야." 그는 거의 60년이 흐른 지금 나에게 말했다. "내가 내 아이들에게 알려주고 싶은 가장 중요한 진리는, 우리와 어떤 관계의 사람이건 우리의 가치를 결정할 권리는 없다는 거야. 자신을 괜찮은 사람이라고 느끼게 해줄 사람은 많아. 우리에게서 에너지를 앗아가고, 어느 누구에 대해서도 좋은 말을 하지 않고, 다른 사람들을 낮춤으로써 자신을 더 나은 사람이라고 느끼는 그런 사람들을 옆에 둘 필요는 없어. 어느 누구도 삶에서 부정적인 에너지를 필요로 하지 않아. 이런 진리를 말해주고 싶어."

우리 모두에게는 다른 사람이 한 번 넘어버리면 절대 원상태로 되돌릴 수 없도록 망가지는 선이 있다. 신체적 학대, 부끄럽고 고통스러운 누군가의 비밀을 타인에게 말함으로써 신뢰를 저버리는 행위, 우리에게 철저하게 거짓말을 하거나 남에게 우리에 대한 거짓말을 하는 행위, 항상 받기만 하고 절대 주지는 않는 행동, 이유 없이 잠수 타는 것, 험담하는 것… 당신의 선이 어떤 것이든 간에 어느 시점에 가까운 누군가가 그 선을 넘으려 한다면, 당신은 결정을 해야 할 것이다. 그리고 당신이 사랑하는 사람들은 그러한 당신의 간접 경험에서 많은 것을 배울 수 있다. '내 자신을 위해 삶에서 누군가를 끊어내야 했던 경험'에 대해 가족에게 이야기해 주어라. 우리 모두가 타인에게서 존중받기를 원하는 만큼이나 자기 자신을 존중하는 것도 중요하기 때문이다.

-

인생에서 누군가를 끊어내야 했던 경험이 있는가?

그 일을 통해 당신이 깨달은 교훈은 무엇인가?

## 9장

# 어떤 사람으로
# 기억되고 싶은가

좋은 추억을 떠올려봐요. 그녀가 내 마음속에서
속삭인다. 그를 사랑했던 순간을 기억해봐요.
그리고 나는 바로 그렇게 한다.

신시아 핸드Cynthia Hand

　나이 든 사람을 만났을 때 나는 머릿속으로
그의 과거 모습을 상상하는 일종의 게임을 한다. 나는 이 기술을
몇 년 전 병원의 한 목사에게서 배웠다. 그는 나에게 사람들은 보
통, 병원이나 요양원에 있는 노인들을 방문했을 때 자신도 모르
게 그들을 아이처럼 대하는 실수를 저지른다고 말해주었다. 그들
은 천천히 큰 소리로 말하고, 복잡한 사안이나 감정의 이야기는
피하며, 대화를 짧게 마치고 떠난다고 한다. "그러지 않기 위해서
저는 이렇게 해요. 방 안으로 걸어 들어가면 그 사람의 얼굴을 주

의 깊게 살핍니다. 그런 다음 30년 혹은 40년 전 그분들의 모습을 상상해보려고 합니다. 마치 그분들이 아직 젊은 청년인 것처럼 생각하는 거죠. 모든 사람들에게는 젊은 시절이 있었다는 사실을 떠올리는 것은 중요해요. 젊을 때 그들은 더 생동감 있었고, 더 행복했고, 사랑에 빠져 있었고, 더 즐거웠으며, 꿈으로 가득 차 있었죠. 나이가 들었지만 여전히 그들 안에는 그 젊은이들이 존재합니다. 가능하면 최선을 다해서 그들 안의 젊음을 존중하고 인정해줘야 합니다."

나는 이 조언을 받아들여 30년 넘게 병원과 요양원에서 실천하고 있다. 마트 계산대 앞에서 바구니 달린 노인 전동차를 타고 줄을 서 있는 나이 든 여성을 볼 때도 이 게임을 한다. 그녀가 쿠폰으로 계산하려고 여러 질문을 하느라 계산하는 시간이 길어지면서 뒤에 서 있는 나의 인내심은 바닥나고 있는 상황이다. 나는 결혼식에서 하얀 웨딩드레스를 입고 있는 그녀의 모습을 상상하기 시작한다. 20대 초반의 수줍은 미소와 밤색 눈을 가진 그녀는 아름답다. 그녀의 남자는 전쟁에서 돌아왔다. 그녀는 밝은 빨간색 립스틱을 바르고 있고, 눈썹은 두껍고 진한 데다 완벽한 형태를 그리고 있다. 칠흑 같은 그녀의 곱슬머리 위에는 하얀 면사포가 얹어져 있다. 그녀의 목에는 한 줄로 깔끔하게 디자인된 진주 목걸이가 걸려 있다. 나는 그녀가 신랑의 입에 케이크 조각을 넣어주는 찰나의 모습을, 한 장의 사진을 보듯이 보고 있다. 그러고 나서 그들은 춤을 춘다. 그녀는 행복하게 웃으며 빙글빙글 돌고 있고 살짝 어지럽다고 느낀다. 그들은 삶과 사랑에 대한 참을 수 없는 열망을 가지고 있다. "다음 분이요." 마침내 계산원이 말한다. 그 목소리에 환상 속에서 빠져나온 나는, 그 나이 든 여성이 전동차를 타고 출입구 쪽으로 가는 모습을 바라본다.

나의 아버지는 10년 동안 알츠하이머를 앓았다. 알츠하이머로 더욱 늙어가던 아버지는 결국에는 다른 사람이 되었다. 이런 식으로 아버지는 두 번의 죽음을 겪었다. 첫 번째 죽음은 그 병이 그의 뇌를 변화시킨 그때였다. 그래서 그는 더 이상 나의 아버지가 아닌 누군가가 되었고 나는 더 이상 그에게 아들이 아니었다. 몇 년 후, 아버지는 두 번째 죽음을 맞았다. 심장이 멈췄고, 한밤중에 바람처럼 조용히 가셨다. 나는 당시 3,200킬로미터 떨어진 곳에 있었다.

나는 요양원에 계신 아버지를 방문할 때마다 휠체어에 앉아 있는 아버지의 키에 맞춰 몸을 낮추고, 아버지와 볼을 맞대며 누군가에게 사진을 찍어달라고 부탁했다. 내 휴대폰에는 그렇게 아버지와 찍은 사진이 수십 장 있다. 아버지가 살아계신 모습을 보는 마지막 순간일지도 모른다는 생각으로 매번 그렇게 사진을 찍었다. 당시에는 그것이 맞는 일인 것처럼 보였다. 지금 그 사진들을 내 손으로 삭제할 수는 없지만, 사실은 가슴 아픈 감정을 숨긴 채 웃고 있는 나와, 입을 벌린 채로 허공을 보고 있는 아버지의 모습을 담은 그 사진들이 싫다. 그 사진 속의 아버지는 내가 기억하고 싶은 모습이 아니다. 아버지가 돌아가시고 4년이 지난 지금, 아버지의 다른 사진들을 훨씬 더 자주 본다. 지난해 내 여동생이 나에게 1980년쯤에 찍은 것으로 보이는 사진을 보냈다. 아버지가 제일 친한 친구인 조이 아저씨와 함께 롤러스케이트를 타고 있는 사진이다. 사진 속 아버지는 환한 미소로 자유롭고 편안하게 롤러장을 누비고 있다. 아버지는 즐기고 있었다. 그 사진이 찍혔을 때, 엄마는 조이 아저씨의 아내 낸시 아줌마와 함께 쉬고 있었을 것이다. 또 다른 사진은 아버지가 핫 퍼지 초콜릿 소스 3병과 선데이 아이스크림을 앞에 두고 앉아 있는 모습이 담겨 있다. 사진 속의 아버지는 주머니에 사용한 듯한 냅킨이 꽂혀 있는 헐렁한 빨간색 면 티셔츠를 입고 있으며 스푼은 입으로 반쯤 가 있고, 빛나는 파란 눈과 크고 아름다운 미소를 띠고 있는 입가에는 핫 퍼지 소스가 묻어 있는 모습이다. "어디 계세요, 아버지?" 나는 행복한 시간 속에 있는 사진 속 아버지를 바라보며 조용한 서재에서 큰 소리로 물었다.

"어디 계세요?"

그 질문에 대한 대답을 나는 잘 알고 있다. 아버지는 내 마음 속에 있다. 인간에게 주어진 가장 특별한 재능인 '기억' 속에 말이다. 지구상의 다른 생물들과 달리 우리는 과거를 현재로 소환하고 미래로 가져갈 수 있는 능력을 가지고 있다. 치매에 걸리고 암이나 다른 질병으로 병원에 들어가기 전에, 장례를 치르기 전에, 누군가를 잃은 직후 오는 엄청난 슬픔의 무게를 겪기 전에, 우리는 사랑하는 사람들을 마음에 그릴 수 있다. 기억은 우리를 사랑했던 사람이 쇠락해가던 과거의 그 고통스러운 시간으로 되돌아가게 하기도 한다. 그러나 기억은 또한 그 고통을 초월하게도 해준다. 가장 행복했고, 가장 만족스러웠으며, 충만하던 순간 속에 있는 사랑하는 이들의 모습을 떠올릴 수 있도록 해준다. 당신은 사랑하는 이들이 당신에 대해 어떤 기억을 갖고 살아가길 바라는가? 향기로운 공기 속에서 행복하고 생기 넘치게 빙글빙글 돌며 춤추고 있는 신부처럼, 당신의 어떤 모습이 그들의 마음속에서 춤추게 되길 바라는가?

⚜

나는 청바지와 스웨터를 입고 키가 큰 삼나무 사이를 걷고 있었다. 나는 50세이며 반려견과 함께 있다. 부모님, 할아버지, 할머니, 이모들, 고모들, 삼촌들이 길 아래에서 나를 기다리고 있다. 그들은 빨리 나를 안아주고 싶어 한다.

⚜

행복하게 웃고 있는 내 모습을 기억해주길 바란다. 아마도 따뜻한 날 해변에서 하늘하늘한 긴 하얀색 원피스를 입고 있을지도 모르겠다. 엘비스와 함께 있을 것 같다. 나는 최근에 막내 손녀딸이 새로 입양한 강아지를 보러 갔다. 큰 웃음소리가 울려 퍼지는 집 안에서 강아지와 함께 바닥을 굴렀다. 강아지는 내 온몸을 핥으며 침을 묻혀댔다. 손주들은 안식일 저녁 식탁에 앉아 있는 내 모습을 자주 보았다. 강의하고 연설하고 가르치는 내 모습도 많이 보았을 것이다. 그들의 할머니로서의 나의 사랑과 그 사랑의 행동도 익히 보아왔다.

나는 어린 손주들과 함께 공부하고 있다. 화상 채팅으로 만나 공부할 때에 흐트러져 있던 내 모습을 기억하기를 바란다. 그 아이들과 함께 부기보드를 타러 갔을 때 검정색 다이빙 슈트를 입고 있던 내 모습을 기억해주길 바란다. 나는 그 아이들의 기저귀를 갈아주곤 했다. 그들은 내가 아픈 모습, 그리고 늙어가는 모습을 보아왔다. 나는 그들에게 복합적이고 다양한 모습으로 기억되기를 바란다. 왜냐하면 그 모습이 다 나이기 때문이다.

≪≫

내 아내와, 아들, 가장 친한 친구들은, 각자 자신이 느끼는 상대적인 모습으로 나를 기억할 것이다. 그들이 기억했으면 하고 '바라는' 특별한 모습은 없다. 그들 각자에게 중요한 나의 모습을 기억해주기 바란다. 그들이 각자 좋아하는 나의 모습에 대해 함께 이야기를 나눈다면 더 좋을 것이다.

≪≫

나는 티셔츠를 입고 선글라스를 끼고 좋은 음악을 들으며 튀긴 굴 샌드위치를 한 입 베어 물고, 뉴올리언스의 재즈 페스티벌에 있다. 에이미가 이런 나를 상상해주길 바란다. 그때 나는 아마도 40대일 것이다.

사랑하는 이들이 나를 기억할 때, 다른 사람들이 고결한 사람이라고 불렀던, 친절하고 온화한 사람으로 떠올리기를 바란다. 가족과 집에 있을 때, 휴가를 가서 친구들과 함께 즐거운 시간을 보내고 있을 때의 나를 기억해주길 바란다. 아내와 많은 일을 함께 했던 사람으로 기억되고 싶다. 정장보다는 편한 옷을 좋아하고, 아내와 딸들과 함께 즐겁게 시간을 보내는 모습으로 기억되기를 바란다.

이 대답은 쉽다. 오늘 모습이다. 나는 그들이 나의 사랑하는 밥과 함께 있는 모습을 기억해주길 바란다. 그는 나에게 미소 짓고 있으며 우리는 친구들과 함께 있다. 나는 잘 차려 입었다. 심지어 모자도 쓰고 있다. 물론 기념일마다 밥이 선물해준 멋진 보석들도 걸치고 있다. 계절은 봄이며 정원은 생기로 가득 차 있다. 우리의 골든 리트리버 세 마리와 함께 올리브 나무 아래에 앉아 있다. 여기가 바로 천국이다.

독서하고 무언가를 배우는 내 모습을 기억해주길 바란다. 항상 새로운 것을 배우고 싶어 하고, 항상 사랑하는 이들과 함께 세상의 지식을 나누고 싶어 했던 모습을 기억해주길 바란다.

나는 아마도 청바지나 면바지에 하얀색 티셔츠를 입고 있을 것이다. 그리고 이때쯤 나는 아마 100살은 족히 넘었을 것이다.

매년 명절에는 모두 모여, 내가 특별한 행사에 가족과 친구들이 함께 모이는 것을 얼마나 중요하게 생각했는지 기억해주길 바란다.

∾

나는 이 질문에 대답한 사람 중, 몇 분간 심장이 멈춰 저승에 가본 경험이 있는 몇 안 되는 사람 중 한 명이다. 그것은 그렇게 나쁜 경험은 아니었다. 하얀 빛도 없었고, 내 영혼을 지옥으로 데려가려는 저승사자도 없었다. 그러므로 나는 죽음에 대해 깊게 생각하지 않는다. 나는 환자들과 상담할 때 기차역에 남겨지는 것보다, 기차에 올라타는 것이 훨씬 더 쉬운 일이라고 말하고는 한다. 당신의 영혼이 이 세상에서 했어야 할 일을 했다면, 떠나는 것이 고통스러워서는 안 된다.

내가 할머니, 엄마, 가장 친한 친구와 함께 어딘가에서 뮤지컬을 즐기고 있는 모습을 마음에 새겼으면 좋겠다. 혹은 가능하다면 일로써가 아니라 온전히 즐기기 위해서 빵을 굽고 있는 내 모습을 기억해주기를 바란다. 음악을 듣고 있든 뮤지컬을 보고 있든 어느 쪽이라도 괜찮다. 행복한 장소에 있는 나를 기억해주었으면 좋겠다.

2012년 런던 올림픽이 열린 17일 동안 가족과 함께했던 추억을 잊을 수가 없다. 나의 가족이 그 여행의 기쁨을 마음속에 간직해주길 바란다. 우리는 모두 같은 방향을 향해 걸었으며 서로를 맞춰주고 배려했다. 우리 가족끼리만 그렇게 오랜 기간 여행한 것은 처음이었다. 매일 보러 가야 할 경기를 한 가지씩 정해두었지만, 가족 중 누군가가 다른 제안을 하면 모두 수용했다. 모두들 다른 경기를 구경하는 것도 즐거워했다. 딸은 체조를 좋아했고, 아내는 육상경기를 좋아했으며, 아들은 수영을 좋아했다. 나는 그들이 내 여섯 번째 올림픽이자 그들의 첫 번째 올림픽 경기를 즐기는 모습을 보는 것이 좋았다.

가족들이 우리가 함께 얼마나 행복했는지 기억했으면 좋겠다. 나는 우리 각자를 그냥 한 가족의 모습으로 기억하고 싶다. 그것보다 더 좋은 것은 없으며 어떤 것도 그보다 중요하지 않다.

※

아, 나는 드디어 육체로부터 자유로워졌다. 이제 나는 나이를 먹지 않을 것이고 영원하다. 나는 모두와 함께 있고 누구와도 함께 있지 않다. 나는 신이 짜놓은 세상의 일부이며, 느낄 수는 있지만 절대 알 수는 없는 방식으로 살아 있다. 사랑하는 이들이 이런 나의 에너지가 항상 그들 안에 살아 있음을 느꼈으면 좋겠다. 눈 덮인 산과 안개를 만들며 계곡으로 쏟아져내리는 장엄한 폭포수에서, 그리고 커다란 떡갈나무 잎사귀 사이의 반짝이는 햇빛에서, 나를 느끼기를 바란다. 나는 경외감을 불러일으키는 그런 아름다운 모습 속에 살아 있고, 숨 쉬며, 춤추는 자연 에너지의 일부일 것이다. 나는 공을 쫓아다니며 뛰어노는 나의 강아지들의 에너지에도 있다. 나는 자유로운 모든 생명력의 일부이며 당신이 들이쉬는 모든 숨에, 아름다운 만남에, 주인의 손을 핥는 강아지들의 행동에, 미소에, 그리고 모든 예술적 표현 안에 존재할 것이다. 나는 당신이 나를 집처럼 편안하게도, 끝없는 웅장함의 일부로도 느껴주길 바란다. 나는 돌아가신 분들과 더불어 나 자신을 육체의 모습으로 상상하지 않는다. 대신 나는, 모든 사랑의 에너지가 하나로 모여서 거대한 바다로 돌아갔으면 좋겠다고 생각한다. 사랑하는 이들이 자유롭고 광활한 대자연 속에서 나의 사랑과 함께 내 존재를 느낄 수 있기를 바란다.

〰

나는 스웨터를 입고 있으며, 고인이 된 남편과 아름다운 저녁식사를 즐기고 있다.

〰

우리가 함께 나눈 크고 작은 순간들 중에서 그들을 기분 좋게 해주었던, 행복했던 순간만을 기억해주기를 바란다. 내가 이룬 것들이나 성공을 기억할 필요는 없다. 우리가 나눴던 사적인 감정들을 기억해주길 바란다. 사람들이 내가 해낸 일에 대해 잊는다고 해도 두렵지 않다. 우리가 서로에게 느꼈던 감정을 느낄 수 있기를 바랄 뿐이다. 아기일 때의 내 모습을 기억하는 사람은 모두 떠났을 것이고, 아이였던 나를 뚜렷하게 기억하는 사람도 거의 남아 있지 않을 것이다. 그래서 나는 그들이 지금의 삶과 지

**213**

금의 나를 기억해주기를 바란다. 아마도 나는 면도도 하지 않은 편안한 차림이겠지만, 그들의 하루를 밝혀줄 만한 정말 멋진 미소를 짓고 있을 것이다.

~

50대의 모습이었으면 좋겠다. 그때 나의 모습은 하이킹 장비를 갖추고, 카우아이의 돌이 많고 위험한 길을 남편과 딸과 함께 오르고 있다. 신발은 진흙투성이이고, 몸 여기저기는 돌부리에 걸리고 긁혀서 찰과상과 멍으로 덮여 있고, 머리카락은 소금기로 푸석하다. 피곤해서 곧 기절할 것 같지만 만면에는 웃음이 가득할 것이다.

~

최상의 내 모습을 기억해주기를 바란다. 미소 지은 채, 내가 좋아하는 음악을 듣고 있는 모습, 열정적으로 일에 임하며 타인을 사랑하고 봉사하는 모습으로 기억되기를 바란다.

~

내가 세상을 떠났을 때, 사랑하는 이들이 나에 관한 재미있는 이야기를 나누며 그들 기억 속의 나를 떠올리기를, 그리고 내가 그들 한 사람 한 사람을 얼마나 많이 사랑했는지를 기억해주기를 바란다. 그들이 아름다운 꽃이나 새, 혹은 도마뱀을 볼 때마다 내가 그 꽃들과 새들과 도마뱀들에게 어떻게 말을 걸곤 했는지 기억하기를 바란다. 아마 그들도 그렇게 할지도 모르겠다. 내 사진 한, 두 장을 주변에 놓아두고 그들이 원할 때 나에게 말을 걸어주기를 바란다. 주의를 기울여서 들어보면 내가 대답하고 있을지도 모르니까.

～

레깅스와 운동복 상의를 입고, 조깅 후에 돌아오는 모습으로 기억해주었으면 좋겠다. 시원한 바람을 맞아 뺨은 상기되어 있고, 눈은 반짝이고 있으며, 얼굴은 미소 짓고 있을 것이다. 그들이 어떤 나이의 나를 사랑하든지 항상 최상의 상태에 있는 나를 기억하길 바란다. 나는 남편과 세 아이와 함께 있다. 어쩌면 아이들의 짝꿍들과 손주들 둘 셋 정도가 더 있어도 좋을 것이다. 그냥 뒤뜰에 앉아 햇빛을 받으며 시간을 보내고 있다. 웃으며 서로를 사랑하는 눈빛으로 바라보면서 말이다.

사랑하는 이들이 나의 미소, 나의 마음, 그들과 인류에 대한 나의 사랑을 기억해주기를 바란다. 나는 그들의 상상 속에서 '신과 함께 모든 것이 가능하다'라고 쓰인 팻말을 들고 있는 바로 그 사람일 것이다. 먼저 돌아가신 나의 친척들, 아버지, 엄마, 이모들, 고모들, 삼촌들, 조카들, 친구들, 선생님과 함께 있을 것이다. 또한 사랑하는 이들이 숨 쉬는 공기 속에 있을 것이고 그들이 부를 수 있을 만큼 가까이 있을 것이다.

그들은 내가 몇 살인지 확실하게 알 수 없을 것이다. 왜냐하면 나는 아주 추운 날 어느 해질녘에, 검정색 패딩으로 눈높이까지 온몸을 싸매고, 부엉이가 날아가는 것을 보려고 기다리며 서 있는 모습일 테니 말이다.

인류에게 주어진 또 다른 축복이 있다. 우리는 기억하는 능력뿐만 아니라, 타인이 간직할 기억을 의식적으로 만들어낼 수 있는 능력도 있다. 나는 우리 가족이 어떤 최고의 순간에 있을 때면 아이들에게 말한다. "이 순간의 나를 기억해줘. 너희의 아이들에게도

216

이 순간에 대해 말해줘." 가끔 아이들은 눈을 굴리며 그만 좀 하라고 말한다. 하지만 대부분의 경우에는, 수십 년 후 자신들이 원할 때 떠올릴 수 있도록 조용히 마음의 사진을 찍는다. 행복한 순간을 기억해두라는 나의 조언은 아버지의 조언이기도 하며, 사랑하는 이의 장례식에서 유가족들이 고인에 관한 기억을 나누는 것을 천 번 넘게 본 경험을 가진 사람의 조언이기도 하고, 우리가 세상을 떠난 후 오랫동안 무엇이 마음에 남는지 아는 사람, 그리고 결코 그날이 언제일지 모른다는 것을 아는 사람의 조언이라는 것을 그들은 알고 있을 것이다.

당신은 살아 있는 동안, 사랑하는 이들이 간직하게 될 당신에 대한 기억을 원하는 대로 만들 수 있다. 그들이 슬픔에 빠졌을 때 당신의 아름다운 기억이 위로가 될 수 있도록 하라. 당신이 보여주고 싶은 모습을 보게 하고, 당신이 기억되고 싶은 모습을 기억하게 하라. 그리하여 당신이 떠나고 기억과 사랑만이 남아 있을 때, 당신이 가장 좋아하는 모습을 그들이 기억하게 하라.

-

당신이 죽은 후 사랑하는 이들이 당신을 떠올릴 때
어떤 모습으로 기억하기를 바라는가?
그 기억 속의 당신은 어디에 있고, 몇 살이며, 누구와 함께 있나?
무슨 옷을 입고 무엇을 하고 있나?

## 10장

# 당신이 할 수 있는
# 최선의 조언을 남겼는가

좋은 조언은 루비보다 드물다.
**살만 루슈디**|Salman Rushdie

"한 방울의 물에는 바다의 모든 비밀이 담겨 있고, 당신의 일면에는 존재의 모든 측면이 담겨 있다." 레바논계 미국인 작가이자 예술가인 칼릴 지브란Kahlil Gibran의 이 말은 옳았다. 나는 복잡한 문제나 해결책을 한마디로 요약하려고 하는 성향이 있는데, 이를 재능으로 여기는 나와는 다르게 아내와 아이들은 종종 이것으로 나를 놀릴 때가 있다. 나도 어쩔 수가 없다. 나는 유대인의 언어였던 이디시어 표현들이 삶의 교훈을 가르치는 주요 수단이었던 가정에서 자랐으니까. 나는 당시 수세기에 걸친 학자들 간의 장황한 논쟁을 한마디의 간략한 말로 요약한 교과서로 공부했다. 또한 우리가 여러 해 동안 배워온 많은 중요한 것들이 단지 몇 개의 단어로도 충분히 표현된다는 것을 알았다. 예를 들어, "네. 아니요. 그렇게 하겠습니다. 딸이에요! 그는 떠나셨습니다. 유죄입니다. 사랑해요. 미안해요. 괜찮아요. 저 왔어요." 같은 말들 말이다. 우리는 많은 것들을 단지 하나의 단어나 두 개, 세 개의 단어로 말할 수도 있다. 격언, 속담, 슬로건의 경우가 그렇다. 이는 우리가 사랑하는 사람들의 생애와, 그 후 오랫동안 그들을 말해주는 몇 개의 단순하고 중요한 단어로 이루어진 함축적인 지혜의 말이다.

어떤 표현은 지혜롭고 어떤 것은 재미있지만, 대부분의 어구들이 그 두 가지 특징을 다 가지고 있다. 동생과 나는 우리에게 경제, 대도시 생활을 잘하는 지혜, 존중, 우리 자신의 문제에 대한 관점을 가르치기 위해 아버지가 끊임없이 반복해 말씀하셨던, 가장 좋아했던 경구들로 아버지의 추도문을 써서 낭독하기로 했다. 여기 그 경구들 중 몇 가지를 소개한다.

**문제를 바라보는 자세에 대하여:** "그게 뭐든 간에 네 엉덩이에 생긴 종기보다는 못한 문제다."(항상 자신의 문제가 제일 커 보인다는 의미

가 있다-옮긴이)

**가난의 고통에 대하여:** "가난한 신부가 춤추려고 일어나면 밴드는 소변을 보러 간다."(가난하기 때문에 불행이나 고통을 당한다는 의미가 있다-옮긴이)

**돈을 절약하는 방법에 대하여:** "티끌 모아 태산."

**우선순위를 정하는 방법에 대하여:** "한 개의 엉덩이로 두 개의 의자에 앉을 수 없다."

**세상의 불공평에 대하여:** "'내게 고환이 있었으면 내가 왕이 될 수 있었을 텐데' 여왕이 말했다."

**존중에 대하여:** "사장이 항상 옳지는 않다. 그러나 그래도 그는 사장이다."

**노력에 대하여:** "밀면, 움직인다." (일종의 언어유희 포함)

**의사와 자동차 정비사에 대하여:** "보면 찾아낸다."

**운이 나쁜 것에 대하여:** "뭐 어쩌겠어."

**사람의 내면에 대하여:** "돼지에게 귀걸이를 달아줄 수는 있지만, 그래도 돼지는 그냥 돼지다."


아버지에게 이 경구들은 성서와 같은 가치를 가졌다. 이것은 아버지 자신이 세상을 떠났을 때 자식들이 길을 잃지 않도록 남기고 싶어 했던 복음성가였고, 가르침이었고, 경고였으며, 지침서였고, 유산이었다. 이 일종의 지침을 통해, 우리는 인생의 기로에 있을 때 우리를 보호하고 안내하는 아버지의 목소리를 들을 수 있고, 그의 존재를 느낄 수 있다. 아버지가 옳았다. 아버지는 수년 전에 돌아가셨지만 내가 어떤 결정을 해야 하거나 다른 사람이 나에게 조언을 구할 때면 간단하지만 재미있고, 가끔은 날것 느낌의, 하지만 항상 핵심을 찌르는 아버지의 말들을 참고한다. 이것은 분명 아버지가 살아온 삶을 가장 의미 있게 만드는 방법 중 하나일 것이다.

내가 필요로 할 때 사람들이 해주는 조언들은 얼마나 귀중한가! 그 귀중한 말들을 여기에 모아 당신과 나누는 일은 나에게 더없이 기쁜 일이다. 이번 장은 재미있게 읽을 수 있을 것이다. 그리고 꽤 유용할 것이다. 즐기시라!

✎

형이 좋아하는 아우구스투스 황제의 좌우명이 있다. 나는 그 말을 나 자신에게, 그리고 조언을 구하는 친구들에게도 반복적으로 한다. "천천히 서둘러라."

"끝날 때까지 끝난 게 아니다." 나는 이 구절도 좋아한다. 이

구절을 보면 내 친구의 엄마가 생각난다. 그녀는 50세에 미망인이 되었다. 그리고 90세에 두 번째 결혼생활을 시작했다. 이야기는 끝날 때까지 끝난 게 아니다.

⁓

가끔은 소소익선이다.

답을 안다고 생각하기 때문에 문제에 대해 멈추지 못하고 계속 생각하는 것이다.

한 생명을 구하는 일은 세계를 구하는 일이다.

우선, 해가 되는 일은 하지 마라.

말하기 전에 생각하라.

⁓

자신의 삶에서 두 번째 인격이 진정한 당신이다.

당신은 당신이 한 실수가 아니라, 실수 후에 당신이 한 행동으로 정의된다.

당신의 행성을 사랑하라, 당신이 가진 유일한 것이다.

"너의 볼을 깨물어주고 싶게 귀여워"(이것은 영화 〈치티 치티 뱅뱅(Chitty Chitty Bang Bang)〉에 나오는 노래 가사다. 내가 우리 아이

223

의 볼을 꼬집을 때 느끼는 감정을 설명하고 있다.)

유대교는 4천 년 동안 가꿔온 정원이다. 정말 당신의 세대에서 없어지도록 둘 것인가?

✎

신이시여, 저를 제 안의 속박에서 벗어나게 해주세요.

옳은 것을 택할 것인가? 아니면 행복한 것을 택할 것인가?

기도드릴 때는, 신의 뜻대로 행하라. 그러면 때로는 불편할지라도, 당신의 인생을 더욱 풍성하게 만들어줄 것이다.

내 병은 내가 죽기를 바라지만 나를 우울하게 하는 것으로 만족해야 할 것이다.

✎

"당신의 임무는 사랑을 찾는 것이 아니라, 사랑하지 못하도록 당신 안에 세워진 모든 장벽을 찾고 허무는 일이다." 루미 RUMI

"즐거운 말썽을 일으켜라." 존 루이스 John Lewis

"우유 사러 철물점에 가지 마라." 작자미상

"당신이 만나는 모든 사람들은 당신이 모르는 자기만의 전쟁을 치르고 있다. 언제나 친절하라." 로빈 윌리엄스 Robin Williams

"당신의 전투는 스스로 선택하라. 초대된 모든 논쟁에 참여할 필요는 없다." 맨디 헤일Mandy Hale

"당신은 하나 뿐인 소중한 삶을 어떻게 보낼 생각인가?" 메리 올리버Mary Oliver

⁂

일상에서 평범한 마법을 찾아라.

이미 너무 많이 넘어졌노라고 포기하지 말고 딱 한 번만 더 일어나보면 성공은 바로 거기에 있을 것이다.

모든 존재가 행복해지고 두려움과 해악에서 자유로워지길.

⁂

고통은 필수고 괴로움은 선택하는 것이다.

매일 반성하고 실패를 딛고 앞으로 나아가라.

이렇게 많은 배설물이 있다면 여기 어딘가에 분명 조랑말이 있다.

오늘은 또 뭘 배울 수 있을까?

당신이 지금 어떤 기분이든, 옳은 일을 하라.

겁내지 마라.

겸손하라.

경청하는 법을 배워라.

사랑으로 인도하라.

인생의 문제에 진지하게 임하라. 그러나 인생 자체에는 너무 진지하게 임하지 마라.

당신의 가장 깊은 욕망 그것이 바로 당신이다.

당신의 욕망이 바로 당신의 목적이며,

당신의 목적이 바로 당신의 의지이며,

당신의 의지가 바로 당신의 행동이며,

당신의 행동이 바로 당신의 운명이다.

　《우파니샤드(Upanishads)》에서. 한 줄 한 줄이 나에게 목적을 가지고 살아가는 삶에 대한 명료한 길을 제시한다.

자기답게 행동하라.

진정성을 가져라.

친절하라.

다른 사람들이 함께 시간을 보내고 싶은 사람이 되려고 노력하라.

항상 배우고 성장하라.

∞

그렇게 중요한 일이면, 그들이 다시 전화할 것이다.

자신감을 가져라. 그것은 다른 사람에게 편안함을 준다.

과정을 충분히 즐겨라.

사랑은 항상 미안하다고 말해야 한다는 뜻이다.

"우리는 신시내티 팀에 대해 알고 있다" 미국 프로 풋볼 뉴잉그랜드

팀 감독 빌 벨리칙Bill Belichick

∞

성경에서, 요나단은 정처 없이 떠나야 하는 가장 친한 친구 다윗

왕이 안타까워 슬피 울었다. 그러나 다윗은 행동이 눈물을 흘리

는 것보다 더 중요하다고 판단했다.

사람들은 최악일 수 있다. 떨쳐내라.

나는 정말 당신을 사랑하고 신뢰한다. 정말이다.

"자녀들을 부지런히 가르쳐라."

- 신명기 6장 7절

당신은 유일무이한 존재다. 절대 그것을 잊지 말라.

∽

"항상 겸손하고 친절해라." 팀 맥그로 Tim Mcgraw

"좋은 말을 할 수 없다면 아무 말도 하지 마라." 애니메이션 <밤비
(Bambi)>의 덤퍼 Thumper

"누군가가 자신의 모습을 보여주면, 처음부터 그를 믿어라." 마
야 안젤루 Maya Angelou

∽

코끼리를 어떻게 먹을까? 한 번에 한 입씩.

요구하지 않으면 아무것도 얻지 못한다.

비가 없으면 무지개도 없다.

뻔한 말이지만, 그냥 해라.

"내가 나 자신을 생각해주지 않으면 누가 나를 생각해줄 것인
가? 내가 나만 생각하면 내가 뭐가 되겠는가? 그리고 지금 하지
않으면 언제 할 날이 오겠는가?" 랍비 힐렐 Hillel The Elder

緃

긍정적인 생각으로 하루를 시작하라.

감사의 기도로 하루를 마무리하라.

자신감을 가져라.

몸을 움직일 수 있다는 것에 감사하라.

미소는 최고의 무기다.

緃

해야 할 일은 해야 한다.

언젠가 할 일이라면 지금 하고 뒤돌아보지 마라.

그녀가 죽는다면 죽는 것이다. (당신의 통제에서 벗어나 어쩔 수 없이
그냥 받아들여야만 하는 일들도 있다.)

이보다 더 좋아질 수 있을까?

천국을 향해 가장 높이 솟은 나무는 반드시 그 뿌리를 지옥에 두
어야 한다.

緃

한 번 영혼을 팔면 환불은 없다.

당신은 무슨 일이든 할 수 있지만 모든 것을 할 수는 없다.

중요하지 않은 일에 에너지를 낭비하지 마라.

당신의 일부가 당신의 전체는 아니다.

쓰러질 거면 싸우면서 쓰러져라.

〰

"나는 배웠다. 사람들은 당신이 한 말들을 잊을 것이며, 또 사람들은 당신이 한 일을 잊을 것이다. 하지만 당신이 그들에게 느끼게 한 감정은 절대 잊지 않을 것이다." 마야 안젤루 Maya Angelou

"나는 그냥 '아니'라고 말할 수 없는 여자일 뿐이에요. 절대 그 말을 할 수 없어요." 뮤지컬 <오클라호마>의 아도 애니 Ado Annie

"새 친구를 사귀되 옛 친구를 지켜라. 새 친구는 은이고 옛 친구는 금이다." 조셉 패리 Joseph Parry

〰

나는 당신이다.

뜻이 있는 곳에 길이 있다.

믿어라.

뿌린 대로 거둔다.

우리는 충분하다.

"절대, 절대, 절대 포기하지 마라." 윈스턴 처칠 Winston Churchill

"먼지를 툭툭 털고 일어나, 처음부터 다시 시작해요.

영화 <스윙 타임(Swing Time)> 중에서

이 또한 지나가리라.

즐겨라. 생각보다 늦었다.

가족은 선택할 수 없지만 친구는 선택할 수 있다. 현명하게 선택하라.

두 점 사이를 잇는 최단 거리는 직선이다. 다시 말해, 단순하게 해결할 수 있는 문제를 왜 복잡하게 만드는가?

유전자는 이길 수 없다. (나의 아이들은 항상 내가 의심해왔던 부분에 대해 확실하게 가르쳐준다.)

어떤 일의 시작이 엉망이었다면, 대개 엉망으로 마무리된다. (파산의 제1법칙)

세 사람이 비밀을 지키려면 두 사람이 죽어야 가능하다. (벤 프랭클린 Ben Franklin의 말이다. 비밀을 지킬 수 있는 사람은 거의 없다는 사실을 살면서 배웠다.)

231

"엄마가 지금 옆에 계셨으면 뭐라고 하셨을까?" 장례식 전에 유가족들이, 세상을 떠난 사랑하는 이에 대해서 이야기할 때 자주 듣는 말이다. 그 다음으로 유가족들에게 자주 듣는 말은, 엄마가, 아빠가, 할아버지가 혹은 할머니가 가장 좋아했던 격언 중 하나에 대한 것이었다. 돌아가신 분들의 삶에 길잡이가 되어주었고, 지금 자신들이 슬픔을 극복하도록 도와주고 있으며, 그들 역시 세상을 떠난 후에는 남겨질 이들에게 도움이 될 지혜의 말들 말이다. 당신은 몇 마디 짧은 말로도 사랑하는 이들의 긴 삶에 도움이 될 만한 조언을 해줄 수 있다. 그 말들은 중요한 진리를 담고 있으며, 그들을 웃게도 하고 생각하게도 할 것이며, 고뇌와 고통으로부터 지켜주기도 할 것이다. 지금 사랑하는 이들에게 말하라. 그리고 항상 그들이 마음속에 지니고 살아갈 촌철살인의 지혜를 건네라.

232

-

## 당신이 살면서 경험을 통해 얻게 된 지혜를
## 가장 잘 보여주는 격언이나 속담은 무엇인가?

_____

_____

_____

_____

_____

_____

_____

_____

_____

_____

_____

## 11장

# 묘비명으로
# 무엇을 쓸 것인가

묘비명대로 살아라.

**조 웨일**Zoe Weil

　　정치인, 유명인, 그리고 심지어 일반인들도
자신들이 밝혔던 가치관과는 완전히 다른 삶을 살고 있다는 사실
이 밝혀지면, 굴욕적인 몰락의 길을 걷게 된다. 우리 문화의 사회
관계망 서비스와 '너 잘 걸렸다' 풍토는, 거짓말이 탄로 난 사람들
에 대해 자비가 없다. 사실 그러한 이중생활은 굉장히 어렵고 감
정적으로도 고통스러운 일이다. 불안과 인지의 부조화는 감당하
기 어려운 일이다. 어떤 식으로든 진실이 밝혀진 사람들은 위선적
인 삶을 멈춤으로써 마침내 자유로워졌다고 말하기도 한다. 전 미

국 하원의장 짐 라이트Jim Wright를 생각해보라. 그는 69건의 윤리 규정 위반 혐의가 밝혀져 불명예스럽게 의장직에서 사퇴했다. 그 일이 있은 후에 비로소 자신이 옳다고 알고 있던 것과 일치하는 삶을 살기 시작한 그가 말했다. "나는 신체적으로, 경제적으로, 정신적으로, 그리고 거의 모든 면에서 이전보다 훨씬 더 나은 삶을 살고 있습니다."

우리 중 대부분은 때로는 스스로를 사기꾼 같다고 생각할지 모른다. 왜냐하면 우리의 실제 모습은 타인이 생각하는 모습과 다르기 때문이다. 내가 알고 있는 모든 성직자가 사기전담반을 기다리고 있다. 그들이 나타나서 우리 중 어느 누구도 우리의 사명에 대한 요구와 기준에 완벽하게 부흥하고 있지 않다는 사실을 밝혀주기를 바란다. 모든 부모들이 자신의 아이가 자신을 실제보다 더 크고, 더 현명하고, 더 강한 사람으로 본다는 사실을 처음부터 알고 있다. 스스로의 미흡한 점에 대한 사람들의 고백을 들어온 30년이 넘는 세월이 나에게 가르쳐준 것은, 우리 모두 밝혀지길 원치 않는 비밀 하나쯤은 가지고 있다는 사실이다. 우리 모두에게는 숨기고 싶은 수치스러운 일들이 있다. 이것은 실제로 우리가 인간이라는 것을 보여주는 지극히 평범한 모습이다.

그러나 당신의 대외적 모습과 실제 살아가는 모습 사이에 큰

**235**

차이가 지속적으로 이어진다면, 아마도 큰 고통이 당신을 기다리고 있을 가능성이 있다. 내가 아는 가장 침착하고, 행복하고, 평안한 사람들은, 자신의 행동과 신념을 일치시키려고 노력하며 실제로 그것에 성공한 사람들이다. 이것이 바로 당신의 묘비명에 대한 질문이, 당신이 죽었을 때뿐만 아니라 살아 있는 이 시간을 위해서도 대단히 중요한 이유이다. 당신이 자신을 위한 묘나 묘비를 가질 계획이 있는지와는 별개로, 삶의 목적을 분명히 하기 위해 묘비명의 문구를 생각해보는 것이 좋다. 짧은 문구로 압축해서 삶의 핵심을 정리하다 보면, 당신이 추구하는 삶의 본질이 무엇인지 알게 될 것이다. 그리고 그 묘비명은 당신이 죽고 난 후에도 다른 사람들에게 중요한 메시지로 남을 것이다. 그러나 더 중요한 것은 아직 살아있는 지금, 묘비명의 문구를 생각해보고, 사랑하는 가족들과 이야기 나누는 것이다. 자신이 가장 소중하게 여기는 가치관에 대해, 또 그 가치관에 부합하는 삶을 살고 있는지에 대해 깊이 생각해볼 수 있는 기회가 될 것이다. 스스로의 가치관에 부합하는 삶을 살고 있는지에 대한 질문에, 누군가는 '때때로'라고 대답하고, 또 누군가는 솔직하고 고통스럽게 '아니요'라고 대답한다.

당신이 되고 싶은 그런 사람이 되기에 너무 늦은 때란 없다. 이슬람 공동체 지도자인 나의 친구는 이런 말을 했다. "기도가 나의 삶에서 중요한 만큼, 수치심으로 기도를 멀리했던 시간도 있었어. 왜냐하면 나는 내 가치관에 어긋나는 어떤 일을 했고, 그것 때문에 죄의식을 느끼고 신의 사랑을 받을 자격이 없다고 생각한 거야. 하지만 신의 무한한 은총과 자비와 사랑을 떠올리면서 다시 기도로 돌아갈 수 있었어. 강한 자아비판이 들 때에는 나에게 위안이 되는 루미Rumi(이란의 신비주의자)의 이 말들을 떠올려. '오라, 오라, 그대가 누구든. 신을 버린 자, 이방인, 불을 경배하는 자, 누구든 오라. 우리들의 집은 절망의 집이 아니다. 그대가 비록 천 번도 넘게 회개의 약속을 깨뜨렸다 할지라도. 오라, 다시, 오라, 오라.'

영국 랍비 실비아 로스차일드Sylvia Rothschild는, 하시딕(근본주의 유대교 교리를 따르는 유대교 분파 중 하나이다-옮긴이)의 최고 랍비인 하니폴의 주즈야Zusya of Hanipol의 이야기를 다음과 같이 들려주고 있다. 이 이야기는 마르틴 부버Martin Buber에 의해 정리된 것이다.

임종이 가까워지자 주즈야는 통곡하기 시작했고 그의 제자들은 그를 위로하려고 애썼다. 제자들이 주즈야에게 물었다. "선생님, 왜 그렇게 슬피 울고 계십니까? 선생님께서는 거의 모세만큼 현명하시고 아브라함만큼 따뜻하십니다. 분명 신께서는 선생님을 좋게 평가할 것입니다."

주즈야는 대답했다. "그래, 그것은 사실이네. 하지만 나는 내가 하늘에 갔을 때, 신이 나에게 '주즈야, 너는 왜 아브라함 같은 사람이 되지 못했느냐?', '주즈야, 너는 왜 모세 같은 사람이 되지 못했느냐?' 이렇게 물으실까 걱정하는 것이 아니네. 나는 신의 이 물음에 대답할 수 있어. 나는 아브라함의 고결함과 모세의 믿음을 갖지는 못했지만, 친철하고 배려심 있는 사람이 되려고 노력해왔으니까. 그러나 신이 나에게 '주즈야, 너는 왜 주즈야답게 살지 못했느냐?'라고 물으시면 뭐라고 대답해야 할지 모르겠네."

우리 모두는 한낱 인간일 뿐이다. 우리는 비틀거리고 쓰러지고, 또 비틀거리고 쓰러진다. 우리는 반짝이며 공허한 것들에 정신을 빼앗기고 유혹당한다. 우리는 때로 길을 잃어버린다. 우리는 때때로 수치심에 짓눌려 기어다니기도 한다. 우리가 다시 일어나 더 정의롭고 즐거운 길을 걸어갈 힘을 찾을 때까지 말이다. 대부분의 사람들이 묘비는 자신이 아니라 남겨진 이들을 위한 것이라고 생각한다. 물론 그렇다. 그러나 당신이 세상을 떠날 때 마지막으로 남기고 싶은 말을 몸과 마음이 건강할 때 결정하는 일은, 자신의 삶을 돌아보고 "지금, 진정한 나의 모습으로 살고 있는가?"라는 질문을 해볼 수 있는 더 없이 좋은 기회가 아니겠는가.

✎

나의 묘비는 유칼립투스 나무였으면 좋겠다. 유칼립투스 향의 진정 효과는 아마 내가 죽은 이후에도 한참이나 지속될 것이다. 내가 떠난 이후에도 오랫동안 사랑하는 사람들에게 그늘과 안정을 주고 싶다. 또한 사랑하는 이들이 좋은 공기를 마시며 명상하기 위해 찾는 장소가 되고 싶다. 만약 그들이 나의 묘비를 세우거나 명패를 걸어놓는다면, 거기에 이렇게 써주기를 바란다. "친애하는 고요함과 함께하길."

✎

사랑은 우리 모두를 연결한다. 우리는 사랑받을 때 더 나은 사람이 된다. 우리가 서로의 잘못을 눈 감아주고 도와줄 때, 우리는 함께 성장하며 서로에게 자양분이 된다. 신의 사랑으로 돌아가라. 우리의 가혹한 환경을 변화시킬 수 있다. 당신은 혼자가 아니다. 신의 숨결과 자비가 당신과 항상 함께할 것이다.

용맹한 여성(Eshet Hayil), 엄마, 아내, 동생,

이모, 고모, 딸, 조카,

사촌, 친구였다.


나는 내 주변 사람들과 연결되어 있는 많은 '나'임을 깨닫는다. 나라는 사람은 엄마와 아내가 되는 일 이외에, 가족 안의 다른 구성원에 대한 내 역할에 따라 다르게 정의된다. 명절, 기념일, 그리고 집안에 큰 일이 있을 때마다 나는 우리 가족 안에서 중심 역할을 해왔다. 부모님에게는 상냥한 딸이며, 사이좋은 이모이고, 사랑스러운 동생이며, 잘 나누는 조카이고, 도움을 주는 사촌이며, 신의와 유머가 있는 친구이다. 그러나 나는 나 자신을 용맹한 여성이라고 느낀다. 나는 도덕적 삶을 살면서 아이들과 남편에게 훌륭한 롤모델이 되려고 노력한다.

웃어라.

기쁨을 찾아라.

감사를 드려라.

추신: 여기는 글자수 제한이 트위터보다 심해서 맞춰 쓸 수가

없다?!?

⁂

충만한 삶.

잘 살았다.

마음을 열어라.

다음 생을 향해!

⁂

고결한 사람이었다.

⁂

자신의 사람들을 사랑했고 그들을 위해 책임을 다한 사람.

⁂

우리를 웃게 만든 사람.

나를 위한 모비는 없을 것이다.

남편이었고, 아버지였으며, 할아버지였던 사람.

신의 작품은 얼마나 위대한가!

항상 최선을 다하는 헌신적인 엄마이자 아내였던 사람.

한 부모가 되는 것, 특히 혼자가 되는 것은 힘든 일이다. 내가 할
수 있는 일은 최선을 다하는 것이다. 그리고 언젠가 그들이 알아
주기를 바란다.

Hineni - 나 여기에 있노라

리차드는 가족들을 깊이 사랑했으며

주변 사람들을 더 나은 사람으로 성장시켰다.

묘비의 첫 줄은 당연한 말이다. 나는 가족들을 깊이 사랑한다. 대대로 내 자손들이 그것을 알아주기를 바란다. 두 번째 줄은 내 삶의 궁극적 목표를 반영한다. 내 삶의 목표는 주변 사람들을 더 나은 사람이 되도록 이끄는 것이다. 이것은 모든 사람들이 해야 할 일이라고 생각한다. 내 묘비 문구의 목표를 달성하기까지는 아직 갈 길이 멀다. 그러나 내가 죽을 때까지 할 수 있는 최선을 다 할 것이다.

∽

사랑하는 엄마이자 친구

이것 이외에는 어떤 것도 중요하지 않다.

∽

그들이 볼 수 없는 것일 수도 있지만,
어쨌든 존재할 것이다.

사랑하는 남편이자 아버지.

위대한 치유자이자 훌륭한 성품의 소유자.

삶을 즐긴 사람.

따뜻했고 자상했으며

사람들을 보살폈고

지혜를 전달했으며

진실을 말한 사람.

내 묘비명을 내가 쓰지는 않을 것이다. 나는 벌써 3번이나 묘비명을 써봤고 그것 때문에 많은 시간을 보내야 했다. 그래서 남은 이들에게 내 묘비명을 써달라고 부탁하고 싶다. 그리고 성경구절을 참고해달라고도 말하고 싶다. 선조들의 고통에 대해, 어쨌든 인간이 할 수 있는 만큼의 노력을 다해 보상하려 애썼다는 사실을 의미하는 성경구절을 찾아달라고 말이다.

~

내가 했던 질문:

나는 누구인가?

나는 무엇을 원하는가?

나는 어떻게 봉사할 것인가?

~

아내이자 엄마.

딸이자 친구.

제빵사이자 웃음 부자!

공동체 설립자.

~

나의 남편 묘비에 이렇게 썼다. "나중이 지금이야." 묘비에 이 말을 쓴 이유는, 남편은 내가 물어본 것에 대답하기 싫은 때마다 항상 "지금 말고 나중에!"라고 말했기 때문이다. 나의 묘비명으로 사용할 말은 이렇게 정해두었다. "결국, 다시 함께야."

이 질문은 당신이 세상을 떠난 후에 사랑하는 이들이 소중히 간직하게 될 당신의 유언 편지를 위한 것이기도 하지만, 또한 당신이 자신의 이상에 부합하는 삶을 살고 있는지 자문해볼 기회이기도 하다. 사랑하는 이들에게 당신이 묘비명으로 쓰고 싶은 말을 전해 두어라. 그런 다음 스스로 그 말대로 살고 있는지, 아니면 단지 그런 척을 하고 있는지 자문해보라. 원하는 대답이 아니라면, 옳은 방향을 찾아가기에 아직 늦지 않았다고 말하고 싶다.

-

당신은 묘비명에 뭐라고 쓸 것인가?

지금, 그 묘비명대로 살고 있는가?

---

## 12장

# 인생에서 마지막으로 남길 축복의 말은 무엇인가

결말은 결말이었다. 결말에 이르는 길에 위대한 이야기들을 위한 얼마나 많은 문장과 단락이 있었는지와는 상관없이, 항상 마지막 단어는 있다.

**사라 데센**Sarah Dessen

그 편지는 6월에 힐사이드 공동묘지에서 왔다. 이런 편지에는 항상 눈길이 간다. '지금 구입하세요. 7월 1일 가격이 오를 예정입니다.' 나는 그 공동묘지에 500번쯤인가 600번쯤 가봤다. 아니 어쩌면 그보다 더 많을지도 모르겠다. 하지만 이번 방문은 조금 달랐다. 이번에는 나와 벳시가 영원히 머물게 될 마지막 집을 구입할 예정이었다.

나는 스티브 레더 맞춤형 장소가 있는지 살펴본다. 어떤 구성이 좋을까? 분수, 벤치, 오솔길, 혹은 나무가 인접한 곳? "이거요."

나는 분수와 벤치 사이에 있는 한 자리를 결정해서 판매원에게 말한다. 5구역, 11번 줄, 8번 자리-나의 영원한 좌표. 아주 오랫동안 그 작은 직사각형 위에 서 있는다. 바람을 느낀다. 자신의 무덤 위에 서 있는 일은 묘하고 숙연한 감정이 들게 한다.

나의 장례식에 앞서, 적당하게 엄숙한 분위기의 장례 지도사가 평범한 소나무 관 뚜껑을 열고, 벳시와 아론, 한나에게 "충분히 시간을 갖고 고인에게 마지막 인사를 하세요"라고 말하는 장면을 상상한다. 그들은 창백하고 생명이 없는 나의 몸을 보기 위해 몸을 숙인다. 모든 것이 초현실적인 회색 안개 속에서 슬로우모션으로 움직이는 것처럼 보인다. 그들은 이전에는 결코 죽음을 그렇게 가까이에서 본 적이 없다. 그들은 이전에는 결코 자신들 역시 언젠가 죽을 거라고 절절히 느껴본 적이 없다.

마지막 작별 인사 후, 나는 슬픔에 빠져 있는 벳시, 아론과 그의 미래의 아내, 한나와 그녀의 미래의 남편, 그들의 아이들인 내 손주들이 초록색 차양 아래, 하얀색 접이식 의자에 앉아 있는 모습을 본다.

나는 내 가족들이 다른 랍비의 도움을 받아 나의 관 위로 흙을 덮기 전에 무언가 말하고 싶다는 충동을 느낀다. 나 자신에 대한 것이 아니라 내가 너무도 많이 사랑하는 그들에 대해서. 그들

**249**

이 나의 무덤에서 돌아서서 천천히 자신들의 세상으로 돌아가기 전 그 마지막 순간에 난 무슨 말을 해야 할까? "사랑한다, 사랑한다, 사랑한다." 이 말을 한 천 번쯤 하고 싶다. 그런 다음 천 번을 더 하고 싶다. 수많은 비행기를 빌려서 하늘을 다 채울 만큼 많이 '사랑한다'는 글자를 공중에 써주고 싶다. 마지막 순간에 사랑 외에 중요한 것은 아무것도 없다.

나는 아론과 한나에게 벳시를 보살펴달라고, 그리고 서로를 보살피라고 부탁할 것이다. 나의 육신은 없지만, 그들에 대한 나의 사랑은 절대 사라지지 않을 것이라는 사실을 떠올려주기 바란다. 그들을 끌어안고 약속하고 싶다. 사는 동안 우리는 서로 너무나 많은 아름다움과 사랑을 나눴고, 그 아름다운 기억으로 인해 결국 그들이 나의 죽음을 받아들이고 평안함에 이르게 될 거라는 사실을 말이다. 나는 그들의 눈물을 닦아주고 아픔을 치유해주고 싶다. "좋은 사람, 친절한 사람이 되어줘." 나는 조용히 말한다. "다시 행복해져. 내가 잘못했던 일은 용서하고 나의 좋았던 부분만 마음속에 남겨줘."

그러나 나는 그들에게 아무 말도 할 수 없다. 이미 세상을 떠났기 때문이다.

장례식이 끝나고 그들은 검정색 리무진에 올라탄다. 아론은 타이를 느슨하게 풀고, 한나와 벳시는 구두를 벗어던진다. 그리고 베이글과 이야기들, 깜박이는 촛불과 애도하는 이들의 기도가 기다리고 있는 집으로 돌아간다. 그들은 울 것이고 웃을 것이다. 그리고 또 울 것이다.

상상 속 마지막 말에 관한 이번 장의 질문은, 불가능한 것을 전제로 한다. 우리 중 누구도 자신의 장례식장에 모인 사랑하는 이들에게 말을 건넬 수 없다. 12개의 질문과 많은 대답으로 이루어진 이 책 전체를 관통하는 숨겨진 의미, 유일한 교훈이 있다면 바로 이것이다. '기다리지 마라. 전하고 싶어도 전할 수 없는 그 순간까지 당신의 마지막 사랑과 축복의 말을 아껴두지 마라. 자신의 이야기를 전하기 위한 때를 기다리지 마라.'

❧

너희는 사랑 그 자체이고, 사랑에서 왔다는 것을 기억하거라. 살아 있는 사람들을 위해 살고, 지금 현재에 온전히 존재하고, 늘 마음속의 진심을 말하거라.

❧

내가 세상을 살아갈 이유가 되어줘서 고마워. 정직하렴. 우리의 믿음을 지켜줘. 좋은 소설을 읽을 때, 무지개를 볼 때, 또 육즙이 풍부한 소고기를 먹을 때 나를 생각해줘.

❧

나의 삶은 행운으로 가득했다. 최고의 가족과 친구들이 있었기 때문이다. 그들에게 자신만의 행복을 찾으라고 말할 것이다. 이 장례식이 끝나면 오늘, 아니 지금 당장 함께 모여 즐거운 시간을 보내고, 서로를 끌어안고 맛있는 음식을 먹고, 깊은 이야기를 나누면서 나머지 세상은 사라진 것처럼 매일을 살아라. 춤추고, 달리고, 노래하고, 포옹하고, 느껴라. 그것이 인생이다.

❧

내 소중한 아이들에게,

사랑한다, 난 너희가 자랑스럽고, 너희를 믿어. 비록 나는 너희 곁에 없지만, 이 영혼의 지침들이 너희의 길을 안내하는 등대가 되어줄 거라 믿어.

너희 자신에게 친절하고, 서로에게도 친절해야 해. 가족 간의 좋은 관계를 위해서 최선을 다하렴. 이 세상에서 살아가는 동안 즐거움과 기쁨을 찾고 이 세상을 조금 더 나은 곳으로 만들기 위한 방법을 찾으렴. 권력, 명성, 돈을 좇기보다는 애정 어린 교감과 단순한 것에서 삶의 의미를 찾기를 바란다. 너희는 이미 충분한 사람이고 또한 충분히 가지고 있어. 도움받은 것은 돌려줄 줄 아는 사람이 되어줘.

공감을 보여주고 너희의 관심을 충분히 표현해. 너희의 사람을 찾아. 그래서 환영하고 포용해줘. 절대적으로 신뢰할 수 있는 친구가 되어줘. 하지만 어떤 무리 혹은 어떤 사람이 너희를 원하지 않거나, 너희 가치를 인정하지 않거나, 혹은 반복적으로 너희를 배신하면, 너희의 가치를 증명하려고 굳이 애쓰지 마. 그것은 그들 문제니까. 그들은 너희 사람들이 아닌 거야. 분노는 억제하렴. 실망이 주는 선물을 잘 다스리고, 집을 청소하고, 뭔가를 요리해 먹으렴. 정원도 다시 가꿔봐.

잔인함, 거짓, 고통, 이 세 가지를 직시해라. 주춤하지 말고 외면하지도 말고. 소문과 같은 비열함에는 직접적이고 분명하게 맞서라. 고통 속에 있는 사람들에게 다가가서 그들을 돕기 위해 너희들이 할 수 있는 모든 일을 하고, 가족, 친구들, 지역 사회와 전 세계의 불우한 사람들과 함께 변화를 만들어라.

너희가 즐길 수 있는 일을 찾아서 진정성 있게 일해라. 자유롭게 춤추고, 노래하고, 수영해. 특히 외국 바다에서 말이야. 사고를 확장하고 타인에 대한 이해를 넓히기 위해서는 여행만큼 좋은 것이 없어. 가끔은 라이브 음악을 들으며 풀어져라. 좋은 위스키나 와인을 마시면서 말이야. 하지만 중독과 정신 질환은 조심해야 해. 우리 가족 유전자에 그런 기질이 있어. 필요할 때는 도움을 요청하고 받아들이는 것도 용기다. 좋은 잠과 새로운 날의 가능성을 믿어봐.

모든 사랑을 담아,

엄마가

❧

서로에게 친절하고 서로를 보살펴고 가족이 너희 삶에 얼마나 중요한 존재인지 절대 잊지 마라.

❧

너희 모두에게 감사하지 않은 날이 하루도 없었다는 것을 알아줬으면 좋겠다. 너희의 얼굴을 보거나 목소리를 들을 때마다 내 마음은 충만해졌어. 너희는 나를 실망시킬까 봐 너무 걱정했었지. 그런데 너희가 이 세상에 있는 것 자체가 나에겐 자랑이고 선물이었어. 세상은 너희들이 이곳에 존재하는 매일매일 더 나아지고 있어. 나의 사랑을 늘 마음속에 간직해줘. 내가 항상 너희를 믿고 꿈을 응원하며, 함께하고 있다는 것을 잊지 말고.

∾

나는 이 말을 하고 싶어. 나를 사랑해주고, 인정해주고, 안아주고, 지지해주고, 보살펴줘서 고마워. 고통을 견딜 힘을, 세상의 아름다움을 보는 경외심을, 삶의 신성함을 느끼는 기쁨을, 매일을 반갑게 맞이하는 사랑을, 나의 사랑하는 사람들이 갖게 되기를 축복할 거야.

∾

사랑, 사랑, 사랑. 사랑은 승리한다. 그것이 전부다. 어떤 일이 일어나더라도, 그 일을 통해서 사람들을 사랑할 수 있는 방법을 찾으려고 노력해라.

∾

내 아내, 너희 엄마를 보살펴주기를 바란다. 나는 이제 너희 엄마 곁에 있어 줄 수 없으니까. 그녀에게 편안함, 존경, 그리고 아낌없는 사랑을 주길 부탁한다. 서로에게 안식이 되어주고, 보살펴주고, 축하해주고, 가까이 지내기를. 내가 너희를 아는 만큼 너희를 잘 아는 사람은 없기에, 내가 너희를 사랑하는 것처럼 너희를 사랑하는 사람도 없을 거야. 너희는 내 삶의 모든 날에 의미와 목적을 주었어. 나는 너희들이 너무 자랑스럽다. 너희는 나를 수없이 용서해주었어. 지난날 나의 부족함을 사과할게. 하지만 내가 할 수 있는 최선을 다했다는 것을 알아주었으면 좋겠다. 너희는 내가 했던 실패들을 대부분 알고 있지만 그게 다는 아니란다. 너희는 내가 자랑스러워하는 일의 많은 것을 알고 있지만 그것 역시 다는 아니야.

떠나고 싶지 않았다. 하지만 너희에게 내 세상을 맡기게 되어 마음이 편해. 가장 높이 솟은 파도 속에서 범고래를 볼 때 나를 생각하거라. 나의 머리와 마음이 마지막까지 담고 있던 장면은 너희들의 모습이었단다.

〰️

내 마지막 축복의 말은 성직자의 말이다. 다음의 말들이 나의 결혼식, 아이들의 성년식에서와 같이, 마지막 날 나에게 평온함을 가져다줄 것이다.

신의 축복과 가호가 있기를.

신께서 당신에게 친절하고 은혜로우시기를.

신께서 당신에게 은총과 평화를 주시기를.

꿈

이 마지막 축복의 말을 준비하는 데 많은 시간이 걸렸다. 자 이제 너희 차례다. 항상 해왔던 대로 너희의 삶에 집중하거라. 항상 최선을 다하고 있는지 스스로를 점검하고, 자기 자신을 알아가면서 때때로 멈춰 서서 자부심을 느끼는지 자문해보고, 자주 내면을 들여다보아라. 모든 사랑을 담아. 여기까지다!

꿈

네가 가진 것을 더 깊이 느끼고 감사해라. 시간을 내서 예술 작품들을 감상하러 가고 책을 읽어라. 항상 배우려는 자세를 가져라. 다른 사람에게 관심을 가져라. 모든 사람에게는 각자의 이야기가 있으며 어떤 이야기는 삶을 바꿀 수도 있다. 새로운 친구를 사귀고 오랜 친구와 꾸준히 연락하고 지내라. 주어지는 일을 맡아라. 다른 사람을 도와라. 필요로 하는 사람들 곁에 있어주어라.

나는 지금 천국에서 신과 함께 있으며 평화롭다. 이곳에서 너희를 지켜볼 것이다. 너희가 세상에서 빛이 되길 바라며.

오늘 나는 슬프기도 행복하기도 하구나. 슬픈 이유는 내가 가족과 친구들을 언제 다시 보게 될지 모르기 때문이야. 벌써 모두가 너무도 그립다. 행복한 이유는 나와 가장 가까운 이들이 이곳에서 나에게 마지막 경의를 표하고 있기 때문이다. 너희는 부, 물질적인 것을 가질 수 있으며 성공할 수 있어. 그러나 그 어떤 것도 위대한 가족이나 친구를 이기지는 못해.

나는 충만한 삶을 살았어. 왜냐하면 내 옆에는 많은 훌륭한 사람들이 있었기 때문이야. 나는 행운아였다. 내 어린 시절은 물질적으로 풍족하진 않았지만, 부모님이 나를 사랑해주셨고 정말 중요한 모든 것들을 주셨어. 그것은 사랑, 훌륭한 교육, 성취에 대한 갈망이야. 나에게는 훌륭한 친구들도 많았어. 나는 좋은 학교에 다녔고 멋진 여성과 결혼해서 사랑스런 두 아이를 가졌지. 그래, 나는 행운아였어.

그러나 58세에 첫 번째 역경이 찾아왔지. 내 아이가 아팠어.

나는 울었고, 연구했으며, 조언을 구했고 결론적으로 내 아름다운 아이는 그 지옥 같은 병을 이겨냈지. 어느 학교에 다녀야 할지, 어디에서 일할지, 내가 소송에서 이길 수 있을지와 같은 나의 예전 걱정들은, 내가 내 아이를 위해 아무것도 할 수 없었던 이전의 고통에 비하면 정말 아무것도 아니었어. 나는 그때 진정한 친구가 누구인지 알게 되었어. 그들은 나에게 위안과 도움을 주고 싶어 했지. 나는 타인을 돕는 일에 너무 익숙해져 있었지만 그 친구들의 도움은 받으려 하지 않았어. 하지만 너희가 상처를 입었을 때는 친구들의 도움을 받기를 바란다. 그것이 친구들의 역할이야. 나는 그렇게 하지 못했어.

내 아이들, 내가 너희 둘을 얼마나 자랑스러워하는지 말로는 다 표현할 수 없을 거야. 나는 너희가 가족과 친구들을 사랑하기를 바란다. 다른 사람들에게는 허락되지 않은 너희만이 가진 그 기회에 대해 보답하기를 바라. 친절하고 좋은 사람이 되기를, 그리고 고결한 사람이 되도록 노력했으면 좋겠어.

언제나 가족이 우선이어야 한다. 언젠가 현명한 한 변호사가 이런 말을 한 적이 있어. 하루 일하지 못한 것을 아쉬워하지 말고, 당신의 아이가 참가하는 경기나 행사에 못 갔을 때 자신을 절대 용서하지 말라고 말이야. 나는 너희들의 경기나 행사에는 항상 참여했지. 그 순간들을 놓치지 않으려는 노력 덕분에 너희들이 자라는 모습을 지켜볼 수 있었어. 그 부분에 대해서는 어떤 후회도 없다. 그 변호사의 조언은 아마도 내 인생 최고의 조언이었던 같아. 가끔 너희들도 이런 나의 조언을 받아들이면 좋겠다.

여보, 당신은 내 인생의 나침반이었어. 당신은 상냥한 사람이고 나를 더 나은 사람으로 만들어줬어. 당신은 나에게 너무나 큰 행운이었어.

내가 사랑하는 모든 이들에게 마지막으로 남기고 싶은 말은, 자신이 열정을 쏟을 수 있는 일, 자신을 행복하게 하는 일을 하라는 것, 그리고 받은 것에 대해 보답하고, 우리의 유산과 전통을 유지하는 데 앞장서라는 거야. 그리고 그렇게 할 거라고 믿어.

≈

그들의 삶이 축복되기를. 이 말은 삶은 짧다는 것, 충족되지 못한 삶이 있다는 것, 제한된 결과를 초래하는 삶도 있다는 것을 뜻한다. 그들의 삶이 그런 삶 중의 하나에 해당되지 않기를 바란다. 축복의 말은 긍정적이어야 하는데, 이 말은 부정적 설명을 담고 있다는 것을 안다. 그래서 이 문구를 다듬기 위해 시간이 조금 더 필요하다고 생각한다.

너희 엄마와 나는 위험이 없는 안정적인 가정에서 너희를 키우기 위해 최선을 다했어. 우리는 회초리를 아꼈고, 비난하거나, 상처 주거나, 폭력적인 행동은 피했어. 너희가 평화로운 어린 시절을 보내면 성인이 되어서도 평온하고 안전한 삶을 추구할 거라고 생각했어. 그래서 그런 가치관으로 우리의 가정을 꾸리고 너희를 양육했다.

᙮

가족들이 삶을 긍정적으로 바라보며 감사하고 현재에 충실하기를 바란다. 또한 타인과 관계를 맺는 일이나 자신의 약점을 드러내는 일, 솔직해지는 것, 그리고 깊은 사랑에 빠지는 것을 두려워하지 말라고 격려하고 싶다. 나는 그들이 맺는 모든 관계가 진정성 있고 진실되는 축복을 받기를 소망한다. 그들의 피자에 우연히 치즈가 더 얹어지고, 선데이 아이스크림에 우연히 핫퍼지 소스가 더 올라가고, 해변에서 즐길 수 있는 휴가가 더 많은 그런 축복을 받기를 소망한다. 그들이 자신이 누구인지, 그리고 얼마나 깊이 사랑할 수 있고 기쁨을 경험할 수 있는지 알기 위해 일상의 안일함에서 벗어나 모험에 뛰어드는 ─과거에 내가 너무 자주 거부했던 일이다─그런 축복을 받기를 소망한다.

슬퍼하지 마라. 나는 아주 떠난 것이 아니니. 언제나 너희 곁에 있을 것이다. 앞으로 나아가라, 뒷걸음치지 말고. 내가 너희와 함께할 것이다.

이것이 나의 마지막 질문이다. 나는 당신이 이 책의 다른 사람들처럼 질문에 솔직하게 답해보고, 유언 편지에 대한 힌트로 사용하기를 바란다. 그리고 그것을 당신이 가장 사랑하는 사람들에게 줄 러브 레터로 쓰기를 바란다. 당신의 가치관, 신념, 살면서 어렵게 얻은 지혜, 그리고 당신의 변함없는 사랑으로 그들이 무장할 수 있게 해주어라. 그들에게 당신의 진실을 말하라. 당신의 이야기를 전하라. 그러면 당신이 마음속에 그들을 품고 살았던 것처럼, 그들도 마음속에 당신을 품고 살아갈 수 있다. 지금, 그리고 당신이 떠난 후에도 말이다.

-

만약 당신의 장례식이 끝날 때 가족들에게
마지막 말을 전할 수 있게 된다면 어떤 말을 하고 싶은가?
그들에게 해줄 마지막 축복의 말은 무엇인가?

# 에필로그

말은 죽는다
말하는 순간에,
어떤 이는 말한다.
나는 말한다
그 말은 살아나기 시작한다
그날에.

에밀리 디킨슨Emily Dickinson

대개 글쓰기는 어렵다. 심지어 감정적 고문처럼 느껴지기도 한다. "글쓰기는 쉽다. 그냥 정맥을 열고 피를 흘리기만 하면 되니까." 처음 이 말을 한 사람이 누구든, 정확히 표현했다고 생각한다. 때때로 나는 글을 쓰기 위해 컴퓨터를 켜고는 몇 시간 동안 화면만 보고 있기도 한다. 그때 내가 할 수 있는 최선은 어린 시절에 살던 미네소타 집 앞 도로의 눈을 삽으로 퍼서 치울 때의 심정으로 글을 쓰는 것이다. 삽을 밀고 들어서 던지고, 밀고 들어서 던지고, 한 줄 다음에 한 줄, 또 한 줄. 그것은 지루하고 고단하며 지치는 일이고, 약간 우울한 일이다. 왜냐하면 내일 편집자가 메시지를 보내면 다시 눈이 오기 시작할 것이고, 나는 또 다시 그 망할 삽질을 시작해야 한다는 것을 알고 있기 때문이다.

그러나 가끔은, 드물고 완벽하며 시간을 초월하는 순간들이 있다. 단어들이 내 머리에서 나오는 것이 아니라, 마치 나는 단지 하늘의 사자이고 나의 손가락들은 하늘에서 보내준 영감을 위한 통로인 것처럼 느껴지는 순간이다. 그것은 마법과 같아서 거기에 도달하기 위해 끊임없이 삽질하는 일을 가치 있게 만들기에 충분하다.

내가 아이들에게 전할 유언 편지를 쓴 두 번의 시간 동안, 나는 그런 초자연적인 흐름을 느꼈다. 유언 편지 하나를 쓰는 데 말 그대로 몇 분이 걸리지 않았고 교정할 필요도 없었다. 내 자신에게 이유를 물었고 두 가지 이유를 떠올렸다. 하나는 앞에서 말했던 인용문과 관계가 있다. 글쓰기를 위해 나도 어떤 것을 열었다. 정맥이 아니라 마음을 말이다. 이것이 첫 번째 이유라고 생각한다. 또 다른 이유는 내가 처음에 말했던 대로, 의심할 여지없이 내가 수년에 걸쳐 다른 사람들과 나 자신에게 이 책에 담긴 질문들을 해왔기 때문이다. 이제 책의 서두에서 약속했듯이 지금을 위해, 그리고 내가 세상을 떠났을 때를 위해, 사랑하는 이들에게 남긴 나의 유언 편지, 나의 진리, 나의 유산을 소개할 차례다.

아론과 한나에게,

너희와 너희 엄마와 식탁에 둘러앉아 함께 웃었던 순간들이 내
생에 가장 행복한 시간이었어. 그 순간에 나는 세상에서 가장 큰
부자였고 가장 평안한 사람이었어. 그런 사랑의 순간은 어떤 것
보다도 중요하단다. 너희들도 엄마 같은 좋은 반려자를 만나서
그런 수없이 많은 행복의 순간들을 누리길 소망한다. 걱정할 필
요 없어. 너희들 삶에 그런 사람이 나타난다면 마음으로 알 수
있을 거야. 그 사랑은 강력하고 모든 것을 치유해주는 아름다운
것일 거야. 놓치지 마라.

일과 삶의 균형을 유지해야 한다. 일에 최선을 다해야 하지
만, 일이 너희의 삶이 되어서는 안 된다. 아빠는 자주 이 둘을 혼
동하곤 했어. 너희는 그러지 않길 바란다.

너희가 자주 자연 속에서 시간을 보냈으면 좋겠어. 그 시간
들은 너희들에게 신의 존재를 느끼게 해줄 것이고, 진정한 위대
함에 대해 생각하게 해줄 거야. 너희에게 고요함을 줄 것이고,
가만히 멈춰 서서 천천히 호흡하고 귀 기울일 수 있는 여유를 줄

거야. 그 시간을 통해 너희들은 위대한 자연 앞에서 인간은 아주 작은 존재임을 인정하고 겸허해질 수 있을 거야. 자연 속에 있을 때 나를 떠올려주렴. 나의 영혼이 너희와 함께 있다는 것을 느낄 수 있을 거야.

신앙에 소홀해지지 마라. 사랑하는 사람들과 함께 안식일 식탁에 둘러앉아 있는 동안, 우리의 조상들로부터, 기도로부터, 촛불, 따뜻한 빵과 와인, 관용과 믿음으로부터 배울 것이 많을 거야.

걱정거리가 있을 때, 대부분의 상황은 우리가 예상하는 것보다 결과가 좋다는 것을 기억해라. 불안, 슬픔, 상실, 고통이 찾아올 때, 너희가 사랑하는 이들에게 기대렴. 혼자서 견디려고 하지 마. 그런 방법은 너희를 더 힘들게 할 뿐이야. 이것이 아빠에게 엄마의 존재처럼, 너희도 사랑하는 누군가를 찾아야 하는 또 다른 이유이기도 해. 엄마가 없었다면 아빠는 견딜 수 없었을 거야.

아빠는 춤추는 것을 사랑했었다. 하지만 내가 많은 사람을 위해 봉사해야 하는 랍비가 되어서는 결혼식이나 파티에서 춤추는 것을 그만뒀어. 다른 사람이 나를 어떻게 생각할까 하는 두려움, 구경거리가 될 것 같은 두려움이 나를 춤에서 멀어지게 했지. 아빠는 지금 그것을 후회한다. 너희가 배울 좋은 모습이 아니야. 내 기쁨을 빼앗긴 것이나 마찬가지니까. 다른 사람이 너희를 어떻게 생각할지에 대한 두려움으로 인해, 춤추는 것이나 노래하는 것이나 너희가 사랑하는 것에서 멀어지지 마라. 어떤 것도, 혹은 어떤 누구도 너희의 영혼이 갈망하는 것을 억압하게 두지마. 미련이 가득한 영혼으로 죽지 않도록 자유롭게 살아라.

너희에게 일어나는 많은 일들에 감사해라. 감사한 일이 없는 것처럼 느껴지거나 더 많은 것을 원하게 되거나 자기연민에 빠질 때, 주변을 둘러보고 감사한 일 백 개를 셀 때까지 계속해서 감사한 일을 찾아봐. 너희가 감사할 때 모든 일은 더 쉬워질 테니까.

타인에게 연민을 갖기를 바란다. 상처 입었을 때 사람들은 잘못된 행동을 하곤 해. 처음 보는 사람에게 갖는 첫 감정은 공감이었으면 좋겠다. 말했듯이 인생에서 너희에게 너무 많은 것을 요구하는 사람들도 많을 거야. 악하고, 자기중심적이며, 부정적인 사람도 있을 수 있어. 이들은 너희가 스스로를 끔찍한 사람이라고 느끼게 만드는 사람들이야. 이런 사람들은 너희 삶 밖으로 내보내는 것이 옳은 일이다. 이들은 너희 힘으로 바꿀 수 없는 사람들이니.

선해지렴. 그러면 모든 일은 순리대로 흘러갈 거야. 너희가 사랑하는 사람과 함께 세상을 바라보길. 그 시간을 소중히 여기길. 시간들은 물질적인 것보다 훨씬 귀중해. 너희와 너희 엄마와 함께했던 시간은 내 삶을 가치 있게 만들어주었어. 너희도 그런 사랑을 하면 좋겠다. 지금도, 내가 세상을 떠났을 때도. 내가 세상을 떠나면 나를 위해 촛불을 켜고 애도의 기도를 해주길 바란다. 그 따뜻함은 내가 여전히 너희를 사랑하고 있다는 증거가 될 거야.

아빠가

당신에게 한 가지 약속을 하고 싶다. 만약 당신이 이 책에 나온 많은 사람들처럼 각각의 질문에 정직하게 답한다면, 당신만의 유언 편지를 쓰기 위한 충분한 자료를 얻게 될 것이라고. 부담은 갖지 마시길. 이 책의 12가지 질문에 답해준 대부분의 사람들이 처음에는 글쓰기를 두려워했으나, 결국 훌륭히 답안지를 완성했다. 나는 약속한다. 만약 당신이 이 질문에 진심을 다해 임한다면, 또 유언 편지를 쓰려고 앉아 있을 때 자신의 마음을 활짝 연다면, 마법 같은 힘이 당신에게 주어질 것이다. 유언 편지를 완성하는 데 몇 시간이나 며칠이 아닌, 몇 분이면 충분할 것이다. 편지를 완성했다면 그것을 받게 될 사랑하는 이들과 공유해보라. 그리고 그들이 보관할 복사본 한 통을 주어라. 그것은 분명히 당신이 세상을 떠났을 때 그들이 간직할 가장 가치 있는 보물 중 하나가 될 것이다.

## 감사의 말


우리의 삶이자 유산인,

사랑하는 아론과 한나에게


이 책에 답변을 실어준 대부분의 사람들에게 익명을 약속했기 때문에 이름을 언급할 수는 없지만, 이 책의 12가지 도전적인 질문에 대답해준 나의 친구들-학자, 정치 인, 종교 지도자, 작가, 저널리스트, 연예인, 교사, 그리고 동료들-에게 깊은 감사의 말씀을 드립니다. 또한, 나의 에이전트이자 신뢰할 수 있는 친구인 스테파니 테이드, 재능 있는 편집자 캐롤라인 서튼과 스테파니 히그스, 그리고 캐롤라인의 어시스턴트인 한나 스테이그마이어와 나타샤 소토, PR 전문가 앤 코스모스키, 패린 슬러셀, 마라 프리드먼, 그리고 교정자 킴 루이스에게 깊은 감사의 말씀을 드립니다. 또한, 원고에서 인용된 자료들의 사용 허가를 일일이 받아준 그레첸 반 누이스와, 내 인생과 일에 대한 많은 자잘한 일들을 전부 관리해 준 나의 비서, 사만다 로젠에게 감사의 마음을 전합니다.

이 책은 우리 모두에게 중요한 사람들을 위한 것입니다. 독자 여러분께 진심으로 말합니다. 여러분들은 저에게 소중합니다. 이 책은 여러분과 여러분의 가족을 위한 것입니다. 저는 아버지를 잃고 나서, 사랑하는 사람이 세상을 떠난 후에도 더욱 깊이 사랑할 수 있음을 알게 되었습니다.

내 아내이자 가장 친한 친구인 벳시에게 감사의 마음의 전합니다. 이 책은 우리 아들과 딸, 아론과 한나를 위한 것입니다. 엄마와 아빠는 너희를 말로 다 할 수 없을 만큼 사랑한단다. 너희들도 우리를 사랑한다는 것을 알고 있어. 우리가 살아 있는 동안, 우리가 떠난 후에도, 매일매일 너희들이 우리의 사랑을 느낄 수 있기를 바란다.

**옮긴이 김태연**

명지대학교 영어영문학과를 졸업하고 서울외국어대학원대학교와 호주 서시드니대학교에서 한영 통번역을 공부했다. 현재 출판 번역 에이전시 유엔제이에서 영어 전문 번역가로 활동하고 있다.


## 나의 인생이 당신의 지혜가 된다면

1판 1쇄 발행  2023년 5월 15일

지은이  스티브 레더
옮긴이  김태연
발행인  오영진 김진갑
발행처  토네이도미디어그룹(주)

책임편집  유인경
기획편집  박수진 박민희 박은화
디자인팀  안윤민 김현주 강재준
마케팅  박시현 박준서 조성은
경영지원  이혜선

출판등록  2006년 1월 11일 제313-2006-15호
주소  서울시 마포구 월드컵북로5가길 12 서교빌딩 2층
원고 투고 및 독자 문의  midnightbookstore@naver.com
전화  02-332-3310 팩스  02-332-7741
블로그  blog.naver.com/midnightbookstore
페이스북  www.facebook.com/tornadobook
인스타그램  @tornadobooks

ISBN 979-11-5851-265-1 (03190)